KAN MAN TÄNKA SIG
- ETT LIV JAG LEVT

Bodil Nyberg

KAN MAN TÄNKA SIG
- ETT LIV JAG LEVT

Illustration: Bodil Nyberg, Ing-Marie Hedberg Kikuchi
Korrekturläsning: Ing-Marie Hedberg Kikuchi

Förlag: BoD – Books on Demand, Stockholm, Sverige
Tryck: BoD – Books on Demand, Norderstedt, Tyskland

ISBN: 978-91-7699-302-6

Innehållsförteckning

I

FÖRORD

Själva motivationen att skriva denna bok grundar sig främst på min tro till Sanna Föräldrar i Unification Church. Jag hoppas att någon som läser denna historia kan förstå hur mycket en enskild människa kan göra och vilka gömda förmågor som finns inom alla var och en. Att vi aldrig låter oss hindras av andras motsägelser om vad vi kan och måste göra. Att kämpa emot ondskans natur är det viktigaste vi kan göra.

Skulle önska att min historia kan inspirera andra att inte låta sig hindras i sina drömmar och vilja. Man behöver inte vara medlem i just Unification Church som jag är, för att göra Guds Vilja. Det är bara vårt sanna hjärtas maning som leder oss, oavsett vilken religion eller andra fundament vi står på som är gott nog att leda oss rätt. Då är det gott nog även för Gud. Sen kan vi utan rädsla lämna jordelivet, utan att ha förorsakat andra människor lidanden eller förödmjukelser.

KAN MAN TÄNKA SIG - ETT LIV JAG LEVT

Jag minns hur jag stod innanför staketet runt huset på en liten plats i norra Sverige där vi hade vårat hem och ser hur midnattssolsrallyts bilar brakade förbi på den oasfalterade grusvägen mot Jokkmokk, grävde upp grusspåren med hjulen och sprutade grus och sten som flög över staketet och ner i potatislandet.

Där stod jag...en mycket ung skolflicka och drömde om en värld långt bortom vägen norrut och söderut.

En gång när jag blir stor, ville jag resa långt bortom staketet. Vågade aldrig säga till någon om mina drömmar. Ingen människa, allra minst mina föräldrar eller kompisar i kyrkan skulle tro på det och bara skratta åt mig. Det fanns verkligen fog för min tystnad.

Rallyt varade hela den ljusa natten som vi blev trötta att höra innan vi till slut somnade. Även myggens inande och dom ljusa nätterna störde nattsömnen ibland. Men till slut var vi nog så trötta ändå, att vi till slut somnade uppe på den oinredda vinden där vi sov endast under sommaren. På vintern var den iskall.

Vi hade hängt upp mörkblåa tjocka pappers rullgardiner från andra världskriget då man måste mörklägga för att kunna tända lampan. Men nu tjänade dom som ett bra tillfälligt nattmörker att sova i under dom ljusa sommarnätterna.

Vindsvåningen, som inte var vinterbonad men kunde utnyttjas på sommaren, lekte vi att det var en teater och ibland fick det vara som en tältplats där vi spände upp vårat lilla militärgröna tält och kund sova där.

Solljuset på sommaren som man kallar för midnattssolens tid, var ju menad att ladda batterierna för att orka med vinterns eviga mörker då dagarna aldrig var ljusa nog utan att tända lampan även mitt på dagen....

När jag fyllt 3 år kunde jag gå i Svenska Kyrkans Söndagsskolan och min dyra moder tog mig dit. Trivdes bra och det blev där jag blev kvar ända upp i tonåren i ungdomsverksamheten. Till jularna anordnade kyrkoherdens fru julfester och såg till att vi fick små papperspåsar med klistrat bokmärke på av änglar och tomtar. I den påsen fick vi polkagrisar, russin, pepparkakor och den första apelsinen som kunde importeras till Sverige efter Andra världskrigets slut.

Som sagt jag var 10 år när jag för första gången fick äta godis som var polkagrisar gjorda i Gränna. Annat godis fanns inte då.

MIN FAR
Andra världskriget pågick och min Far var inkallad till militärtjänst och förlagd i närheten av den norska gränsen inte långt från Narvik. Strömmen av flyktingar var ganska stor. Han har egentligen aldrig velat berätta om sina upplevelser han hade men lite har han väl nämnt ibland.

Eftersom Pappa var arbetslös vid tiden för inkallelsen, så fanns det då ingen påtaglig ekonomisk förlust han kunde ersättas för, annat än för dom som fick en ekonomisk förlust av sitt arbete som man lämnade under militärtjänstgöringen.

SÅ KOM JAG TILL VÄRLDEN

Effekten av det blev ju, att min mor saknade pengar att leva på och var samtidigt gravid med mig. Som i alla krigstillstånd var tillgången av mat och andra livsförnödenheter begränsade. Mot slutet av sin graviditet försökte hon gå till skogen inte långt från huset och plocka lite lingon att äta. Det var i slutet av september och värkarna blev påtagliga. Hon födde mig i lingonskogen och jag blev sedan kallad för ett lingonbarn. Farmor, som jobbade som husa hos en bonde en liten bit ifrån, kom gående och hörde min mammas rop på hjälp och såg till att hjälpa henne hem.

Där blev jag nedbäddad i en liten trälåda. Farmor såg nog hur eländig jag måste ha sett ut eftersom jag kommit nästan 1 och halv månad för tidigt och säger att hon tyckte jag såg ut som en apunge. Jag blev i sanning ett barn under största delen av 1900-talet och upplevde allt som hände i mänsklighetens historia under det århundradet.

Ja ja, all vår början bliver svår... på riktigt. Ingen barnmorska fanns tillgänglig och nåt alternativ till vård eller hälsokontroll av mig var inte att tänka på. Inte heller min mors hälsotillstånd kunde göras. Senare vid 2 och 3 årsåldern var jag ganska

undernärd men överlevde tack vare dom finska flyktingarna
...bondkvinnor som kom över till den svenska sidan med sina
kor, getter och får. .

Mamma talade den finska dialekten Meänkieli och kunde
översätta till svenska den lokala läkaren när han måste
hälsokontrollera dessa flyktingar. Dom gav min mor mjölk och
smör, den mjölken var hälsofrämjande för mig. Den lokala
läkaren betalade mor för den hjälp han fick av henne som
kunde översätta till svenska.

Men svåra tider kräver tuffa prövningar som bara måste
övervinnas och livet går vidare.... Nåt annat val fanns inte. Det
fanns en liten lokal klädesbutik som skyltade med en liten vit
kaninpäls och en mössa med smala band och en pälsboll i
ändarna som hörde till. Jag ville ha den och tjatade mig till att
få den. Den kostade 25 kronor med mössan. Det var stora
pengar då. Fick den till slut och charmade alla finska
bondkvinnorna som gav mig all den mat jag ville ha. Kan tacka
finska folket för min överlevnad.

MINA FÖRSTA ÅR
Mina första år visade på något sätt hur mitt sätt att leva och
vara aktiv blev... jag fanns alltid någon annanstans och aldrig
där man kunde förvänta sig att jag skulle vara. Hade mer energi
och nyfikenhet på livet än som egentligen var bra för mig och
min uttröttade dyra moder, som ensam måste försöka få ihop
pengar att få mat på bordet och få min lilla magra kropp att
överleva. Allteftersom drabbades jag av mässlingen,
vattkopporna, kikhostan och innan skoltiden fick jag nån sorts
utslag över hela kroppen, som försenade min skolgång med ett

helt år. Alla mina klasskompisar var då ett år yngre än jag, men eftersom jag var mager och kort till växten var det ingen som märkte skillnaden i våran ålder.

Kriget tog slut 6 maj 1945 och min far kom hem. Han fick till slut ett arbete som färjkarl på färjan mellan norra och södra byn. Många år senare, byggdes en bro som delades i 2 längder. Den första från fastlandet till ön mitt i älven, där det fanns en badplats och andra delen av bron från ön till södra sidan. Älven var mycket strömt vatten vid ön. Min syster var på väg en gång att drunkna där och jag räddade henne från den rinnande sanden under vattnet som hon inte klarade av att komma upp från. Jag fick upp henne och bokstavligen skrek på henne för hennes dumma misstag. På den badplatsen fick jag senare ta simborgarmärket som jag stolt visade upp hemma. Att det var något märkvärdigt för mig visade sig inte göra nåt större intryck på min mor, men min far var mäkta stolt. En ganska märklig händelse ägde rum under tiden min far arbetade som färgkar och transporterade biltrafiken över till södra sidan av Luleälven. En vinter hade jag fått en liten spark av någon som hette Peggy som jag tyckte om att åka med på vintern. Tog sparken och tog mig ner till älven. Minns inte exakt hur gammal jag kan ha varit men kanske runt 3 år måste det ha varit ville jag hälsa på pappa nere vid färjan...det var vinter och isen hade lagt sig. Pappa måste hålla en isränna öppen för färjetrafiken och vid detta tillfälle stod han någonstans i mitten av älvens södra sida där jag kunde se färjan. Pappa var där och såg mig börja gå på isen längs isrännan och han skriker åt mig att inte komma, men det var för sent. Jag hade ju redan börjat gå och hade nått nästan halvvägs när han såg mig. Han var totalt vettskrämd att jag skulle dratta ner i isrannan så han försökte hela vägen guida mig att hålla mig en bit ifrån. Jag lyckades komma till färjan och pappa tog upp mig, tog mig till maskinhytten för att värma mig med en vit militärpäls han hade fått behålla efter militärtjänsten. Mamma sökte mig och höll på bli galen när hon frågade några om dom hade sett mig, någon hade sett mig sparka ner mot älven, hon gick ner dit och såg min spark intill älvkanten. Pappa såg henne som ropade och skrek att jag var på färjan. Hon måste vänta tills han kom tillbaka med bilarna på färjan. Resten av all uppståndelse kommer jag inte ihåg.

Den svenska kyrkan i min hemby står högt upp emot bergssluttningen i min hemby på norra sidan. Den blev senare fasadbelyst och syntes fint på kvällarna från bron. En väg grävdes upp på berget till höger om kyrkan där man ordnade med en grillplats, bänkar och bord. Där kan man åka upp och se älven och ner mot bron men också midnattssolen under midsommarnätterna en hel vecka innan den försvinner under horisonten igen. En skylt sattes upp för förbifarande turister att åka upp dit. Än i dag kan man åka upp dit för att grilla när helst man vill.

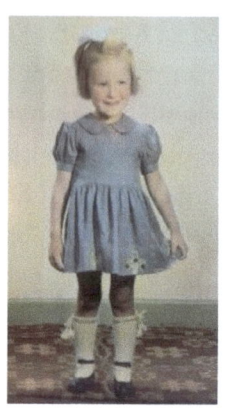

PAPPA FICK JOBB OCH JAG BÖRJADE SKOLAN

Pappa fick jobb inom vägförvaltningen och jobbade upp sig genom studier till vägmästare och av den anledningen flyttade vi till norra delen. Jag hade precis börjat i 1a klass i skolan. Jag älskade skolans bibliotek och lånade flera böcker i taget. Femböckerna av Enid Blyton var mycket populär och fick ibland stå i kö för att få turen att läsa dom. Konst var vad jag verkligen gillade och en av våra lärare lånade tavlor från kommunen som han hängde upp i korridoren. Han beskrev hur den målats och dom tekniker som använts av målaren. Vi fick också lära oss spela flöjt och lite gitarr. Inget av det fortsatte jag med.

KÖRSKOLAN

Så snart jag hade fyllt 18 år bestämde jag mig för att ta körkort. Började på vintern att träna halkkörning på älven där man plogat upp en vinterväg och skadan blev inte märkbar när man kraschade in i en snödriva. På sommaren började jag träna med körläraren från min hemby. När jag blev klar att köra upp. gjorde jag det uppe i Jokkmokk för en mycket sträng körlärare som var känd som mycket svår att bevisa sin körskicklighet för.

Han underkände nästan alla den första uppkörningen. När jag körde upp hade jag oturen att mot slutet av körtestet möta en hund som satt en bit på sidan av gatan och jag körde till höger om hunden. Körläraren underkände mig och menade att jag borde ha stannat framför hunden, gått ut och schasat bort den och sedan kört vidare. Men tog några få lektioner till och den andra uppkörningen blev jag godkänd. Min far var mäkta stolt och sa till min mor att....allt Bodil tar sig för det klarar hon av.

SEGELFLYGET

Jag hade börjat så småningom att gå 2 förberedande kurser i väv-och textil i Kiruna. Efter konstskolan I Sunderby blev jag intresserad av segelflyget. Jag ville prova på att segelflyga vilket jag också gjorde och alla dom pengar jag fått hemifrån att leva på under skoltiden betalade jag för en halv timmes flygning. Hade faktiskt allvarliga tankar på att lära mig segelflyga. Vi flög upp med en annat plan som sedan kapade linan och vi flög på uppvindarna över Sarek. Piloten gjorde loopar som var ganska så lutande näst intill upp och ner som jag gillade. När vi landade sa han till dom andra att här har vi en blivande pilot. Men det blev jag nu inte. Mamma blev oerhört upprörd över mitt slöseri med pengar men min far var som vanligt mycket stolt och bidrog med nya pengar.

SAMERNAS CAMPINGPLATS

I våran by tyckte man att det var lite orättvist att turister som skulle upp till Jokkmokk aldrig stannade och kunde köpa nåt som kunde ge lite inkomster till våran by. Dom lokala samerna öppnade en campingplats och serverade våfflor med grädde och sålde lite sameslöjd. Man glesade ut skogen och gjorde det möjligt att kunna se utsikten ner mot älven och den nya bron som var klar. Jag blev anlitad att måla en gatuskylt till campingen.

Den målades i samiska mönster och skrev orden samisk camping och ett stort VÄLKOMMEN. Det målade jag på en stor torex skiva som min Far hade sågat ut åt mig. Den målades på båda sidorna...texten kunde ses från båda hållen man kom från. Pappa satte ner 2 stolpar och spikade upp skylten på dom.

Fick bra betalt av samerna som var mycket nöjd med resultatet.

RYMDFORSKNINGENS BÖRJAN
Jag gick ur skolan efter 9:e klass.

En skolreform förändrade skolan från grundskola till enhetsskolan till att senare bli en skola som slutar med gymnasiet. Men jag blev tvungen att så småningom kompensera mina skolbetyg till gymnasienivå vilket jag med tiden klarade av bit för bit.

Jag började mitt första jobb som telefonist i våran lokala telefonstation. Automatiseringen av Sveriges telefonnät kom några år senare.... För att göra en lång historia kort, kan jag bara nämna upplevelsen av dom människor som passerade våran hemby för att börja arbetet i Kiruna med att starta upp rymdforskningen av Esrange forskningsstation. Där skulle forskningen påbörjas om norrskenets orsaker och påverkan på vår jord. Många av dom som åkte förbi stannade för att ringa på våran lilla telefonstation och världen började bli större med olika språk som talades av dom och fick nyttja den enda telefonhytt vi hade. Den lilla engelska jag hade lärt i skolan fick jag utnyttja när man behövde låna telefonhytten. Jag var den enda som kunde lite skolengelska och fick ansvaret att ta betalt för samtalen i telefonhytten.

NORRSKENET

Norrsken är mycket vanligt i dom norra vinterkalla områdena norr om polcirkeln, även några få kilometer nedanför polcirkeln där vi bodde. Starkast flammade det över den mörka vinterhimlen, ju kallare det var desto mera färgstarkt och ljust flammade det upp med ett hissande ljud. Kylan förstärker även färgerna som uppstod och som kändes överjordiskt. En gång när jag kom från skolan la jag mig på snödrivan utanför vårat hus och gjorde en snöängel med armarna och benen. Och en speciell upplevelse av en Gudsnärvaro blev en tydlig stark känsla av verklighet som präglade mig och har så gjort hela resten av mitt liv.

Vi jobbade på den lokala telefonväxeln dagskift och nattskift. Min första lön var 100 kronor och jag var euforisk över att själv ha intjänat så mycket pengar.

FÖRSTA MÖTET MED ONDSKAN

Dagskiftet på telefonväxeln började kl.8 då nattskiftet avlöstes. På helgerna jobbade endast 2 telefonister från kl 8 till kl 9 då nattskiftet började.

Det var då det oerhörda i mitt liv hände. Något som har haft en viss prägel för resten av mitt liv som kristen i den Svenska Kyrkans ungdom där jag var aktiv som ungdomsledare. Berättade aldrig för mina medarbetare om detta men förstod att det hade debatterats mellan mina kollegor. Det var den tiden då det var lite skämmit att vara troende och aktiv kristen vilket man sällan och aldrig talade om.

Det var söndag, jag började kl. 8 och min kollega började klockan 9. Vi började som vanligt, men telefontrafiken hade inte kommit i gång speciellt mycket.

Plötsligt vänder sig min kollega emot mig och säger...Jag vill bara göra det klart för dig att jag inte gilla såna kristna som du som anser sig vara bättre än andra så tro inte att du är nånting för mig...och så spottar hon ut en spottloska i ansiktet på min högra kind...chocken inom mig lät inte vänta på sig....hela jag bara stannade av inombords, lämnade växelbordet, gick på toaletten och grät medan jag försökte tvätta bort loskan från ansiktet. Men den kändes som ett brännmärke som satt kvar hela resten av mitt liv. Blev ju tvungen att sitta där och jobba ända till kl. 21 på kvällen med henne utan att tala med varandra tills nattelefonisten kom och avlöste oss. Det märkligaste i allt detta vara att jag aldrig någonsin hade berättat om mitt aktiva kyrkoliv. Pappa var kyrkvärd i kyrkan så för mig var det naturligt att vara där. Jag trivdes där och hade aldrig någon tanke på att det skulle vara något problem för andra.

En liknande händelse långt senare i livet kommer jag att uppleva det som skedde i en helt annan del av världen där jag befann mig då. Sverige blev automatiserat och dom gamla lokala telefonväxlarna var nu ett minne blott. Det var dags för mig att bestämma mig för vad jag nu skulle göra i fortsättningen. Jag själv hade mina drömmar och ville försöka genomföra det.

TEXTIL UTBILDNING I KIRUNA

Där gick jag igenom en grundläggande textil utbildning inför ansökan till Textillärarutbildningen som var 2 kurser under 2 terminer. Den ena var en vävutbildning och den andra var i sömnad. Jag hade en tanke att bli textillärare vilket ju inte blev av, men kurserna var ändå bra att ha.

FICK JOBBA ETT TAG I PITEÅ PÅ SVENSK HEMSLÖJD

Där jobbade jag med att varpa till alla dom 40 vävstugor som fanns runt om i länet som drevs av dom lokala husmodersföreningarna. Dom beställde varpar till mattvävar och breda cottolindukar som jag hjälpte med att föreslå randningar, färgsättning och bredder.

MIN KONSTUTBILDNING

Hade gjort en flyglottautbildning med 2 kurser där jag fick veta allt om andra världskriget som jag inte visste så mycket om eftersom man inte talade om det i skolan, varför vet jag ännu inte. Den utbildningen fick mig att fundera på om det var det jag ville göra eller jobba med. Men ganska snart visste jag att det inte var det jag ville ägna mig åt. Till att börja med sökte jag till en grundläggande konstutbildning på Sunderby Folkhögskola. Det var inte uppskattat av min mor som undrade hur i allsin dar jag skulle kunna leva på sånt. Jag kunde så klart inte räkna med något stöd eller ekonomiskt stöd från mina föräldrar. Men jag fick allt själv finna ut en lösning vilket jag också gjorde. Allt eftersom jag behövde få ihop pengar dök det ibland upp saker och ting som gjorde det möjligt att fixa lite pengar. Tog aldrig några studielån.

Mina konstlärare började att testa med att vi ritade nåt litet med en blyertspenna på ett vitt papper. Min lärare sa att jag hade utryckt en svag och rädd person som jag var, men det skulle dom ändra på. Vi började terminen med att ta med allt ritmateriel, tält och lite förnödenheter och åkte upp till Sarekfjällens område där vi skulle jobba med olika tekniker i en hel vecka.

Bara det i sig var en enorm upplevelse och mina rädslor började släppa bit för bit. Tillbaka till skolan gick vi igenom hela bunten med teckningar av var och en av oss. Vi analyserade allt som gick att analysera och vi fick alla en ny inriktning i det vi gjorde med dom insikter vi fått och upplevt. När jag avslutade 2 år av dessa studier bjöds våra föräldrar till en utställning. Dom kom och den ena av mina konstlärare talade i enrum med föräldrarna.

Dom hade bara att acceptera min förändring och hade fått förstå att dom skulle lita på mig och visa sin tilltro till vad jag ville göra i framtiden…. och så blev det. Nu hade jag fått en grundläggande konstutbildning som var förutsättningen för att välja vidare vad jag ville jobba med.

Började praktisera på Piteå Hemslöjdsbutik som jag redan berättat om, Tiden gick och jag sökte mig till Konstfack keramik till vilket jag blev antagen och till Handarbetets skola på Djurgården dit jag också blev antagen.

Jag valde det senare alternativet och det har jag aldrig någonsin ångrat. Blev näst bäst i hela klassen. En av mina lärare var sedermera kända Edna Martin som var rektor för konstfackskolan men också Handarbetets vänners skola. Den skolan finns än i dag. Nu visste jag verkligen vad jag ville jobba med. Älskade att jobba med textiler och allt som har med det att göra.

SÅ KOM KALLELSEN
Nu hände nåt mycket oväntat. Nåt jag aldrig hade kunnat förvänta mig. Svenska Kyrkans Mission kallade upp mig till Uppsala och fick tala med den chef som jobbade där. Hon frågade om jag skulle vilja acceptera att åka till Sydafrika som missionär eftersom Kjell Löfrot, min gamla konfirmandpräst och hans fru Bertha som redan varit där i 2 år hade bett att få mig dit. Dom hade rekommenderat mig för ett jobb som behövdes tillsättas i Durban av den kristna kyrkan där.

Sagt och gjort...jag tackade ja utan att ha den blekaste aning om vad jag hade sagt ja till eller vad som fanns där för mig. En i sanning otydlig framtid. Jag var ju bara 28 år gammal och lite omogen och naiv. Men det som drev mig var att jag alltid hade ett behov av att bevisa för min familj och även för mig själv, men särskilt för min mor att jag var god nog att klara allt jag ville göra.

Blev först invigt i Piteå kyrka med en ceremoni att bli avskild som missionär av den dåvarande ärkebiskopen och diakonen. Min far ledde mig fram till altarringen för att bli välsignad som missionär, han var så stolt och rörd och kunde knappt hålla tårarna borta.

Det hör till saken att då var Sydafrika det tuffaste landet att jobba i med Apartheid som politiskt system. Man blev betraktad som en s k vippmissionär men det var lite mera outtalat att man var det. Då var jag liten till kroppen och mager endast 28 år gammal. Mitt beslut att åka till Sydafrika fick många i min hemby att lyfta på ögonbrynen, nästan som en världsnyhet. Ingen, allra minst min mor trodde jag skulle bli kvar där i 3 år och komma hem i oavslutat ärende.

UTBILDNINGEN INFÖR SYDAFRIKA
Började med att studera engelska på Selly Oak collage i Birmingham som tillhör Birmingham University England. Träffade olika nationaliteter som på olika sätt studerade engelska och lite annat inför olika tjänster som skulle tillsättas inte bara i Sverige.

Då var det mycket oroligt politiskt läge i Dublin mellan IRA och England.

En händelse på vårat logement påminde mig om känslan av ondskan som infann sig som jag en gång hade upplevt i våran telefonväxel.

Polisen mötte oss när vi kom från våra lektioner och berättade att det hade varit besök på våra rum och att våra privata saker hade genomsökts. Senare fick vi veta att IRA hade orsakat all den röran som vi mötte när vi gick in på våra rum. Vad dom sökte efter blev aldrig klargjort, men polisen stannade och bevakade under några dagar framåt.

Grundutbildningen handlade om att läsa engelska och mot slutet när det bara var 3 månader kvar började jag att läsa in en Lower Cambridge English. Fick senare ett brev från min lärare till Sydafrika. Hon informerade om mitt godkännande och att detta var bara ...One of those things. Hon tyckte jag skulle vara stolt över att jag klarat detta på bara 3 månader som hon ansåg var en anmärkningsvärd prestation.

Jag gick även en lokal liten vävkurs bara på kul i närheten av skolan. En gammal lärarinna drev en vävskola som var mycket konservativ. Men jag grävde i en låda av en massa trasor som andra hade lämnat och ingen ville ha. Jag frågade om jag kunde få väva nåt av det. Hon tyckte det var konstigt men jag fick dom och satte i gång att väva en bildväv av alla trasorna jag klippte i remsor och vävde en stor fjäril i otaliga färger och signerade med BN. Några gamla trasor fanns det inga kvar som min vävlärare häpnade över att jag lyckats skapa nåt av det som ingen hade velat ha. Den hängdes sedan på väggen i våran matsal. Där hängde den kvar när jag kom tillbaka från Sydafrika. Jag och en kompis hyrde en bil och körde upp till Selly Oak på besök och träffade husmor som var kvar där. Förmodligen hänger den kvar där än i dag.

Gick även en liten kurs i hur man byter tändstift i en bil och byter däck, kollar olja och det ena med det andra. Till och med hur man tankar. Varför gjorde jag det?

Jo jag visste att jag skulle behöva en bil i Sydafrika vilket jag hade fått veta av någon som hade varit där och som rekommenderade mig denna kurs.

MIN FÖREBEDJARE

En dag dök det upp en mycket Svart Man som var det svartaste jag någon gång sett hos en människa. Det visade sig att han var Biskop från Kenya som kommit bara för att träffa mig och förbereda mig inför min tid jag skulle arbeta i Sydafrika. Jag kände stor värme och omsorg om mig från hans samtal och han berättade att det hade blivit hans mission att be för mig under den 3 årsperiod jag skulle arbeta där. Efter 3 samtal vi hade såg jag honom aldrig mer. Tänkte att jag nog skulle träffa honom när jag kom tillbaka men det skedde aldrig. Men han finns för alltid i mitt hjärta som en man med stor Gudskärlek som han lyckades förmedla till mig.

En rolig upplevelse var en dag när mina engelska lektioner var slut och jag gick emot trappan som ledde ner till utgången för att gå till logementet. Jag stod längst upp och var just beredd att gå ner då jag hör någon jag kände igen från Sverige. En ung man från Svenska Kyrkan som kommit för att se hur jag hade det.

Han sa något på svenska och jag svarade på engelska. Han skrattade att nu var jag nog lite engelskt hjärntvättad. Jag hörde vad han sa på svenska och hade svarat på engelska.

SÅ BÖRJADE FÖRBEREDELSERNA INFÖR RESAN
Min Far snickrade ihop 1 träbox där jag kunde packa ner min symaskin, sommarkläder och ett och annat nödvändigt jag inte kunde packa ner i en resväska.

Boxen skickades till Göteborg och lastades på en norsk båt som skulle ner till Durban i Sydafrika. Den transporten bekostades av Svenska Kyrkans Mission som hade ordnat med alla nödvändiga intyg och arbetstillstånd. Fick flygbiljett på Belgiska SABENA som senare blev uppköpt till annat flygbolag.

Bredvid mig på planet satt en holländsk affärsman som tyckte lite synd om mig som inte hade den minsta aning om vad jag skulle möta när jag landade i Johannesburg. Men han önskade att allt skulle gå bra. Inga problem tänkte jag, allt var ju förberett och planerat och jobbet jag skulle göra skulle jag få information om från den afrikanska Ärkebiskopen i den Lutherska kyrkan i Duban.

LANDADE I JOHANNESBURG
Kjell och Bertha kom och mötte mig och vi körde därifrån till Durban. Vi bodde på det lilla svenska gästhemmet Svenskbo som ägdes av en äldre svensk kvinna som jobbat där i många år. Hon hade en ung afrikansk flicka anställd att göra det nödvändigaste som att städa och tvätta och bädda sängarna efter gästerna. Det var ofta som folk från Europa som jobbade runt om i hela södra delen av Afrika som kom och bodde på

Svensk Bo och man kunde knyta kontakter som man ville och behövde, vilket även jag gjorde.

MÖTET MED ÄRKEBISKOPEN

Mötet på Biskopens kontor ägde rum dagen därpå kl. 3 på eftermiddagen. Kjell och Bertha körde mig dit.

Av någon märklig anledning hade jag inte vett att vara orolig eller nervös. Kanske jag hade andligt beskydd, vem vet.

Samtalet började med normala välkomsthälsningar och lite fika innan den viktiga informationen skulle ges om det arbete jag var anställd att göra. Hade ju inte någon som helst vetskap om vad för sorts jobb det var.

Biskopen gick rakt på sak och berättade att den tjänsten jag var tänkt att göra hade avbokats och jobbet inte längre var aktuellt. Ärendet hade diskuterats under ett sammanträde medan jag satt på planet ner till Sydafrika. Jag kunde nu bara åka hem igen om jag ville.

Då upplevde jag min Andra Chock i mitt unga liv.

Vad i himlens namn gör jag nu...men en sak visste jag...Över min döda kropp jag åker hem igen, då skulle min dyra moder få vatten på sin kvarn och bevis på att jag inte duger till någonting. Spelar ingen roll att jobbet inte fanns kvar. Men biskopen bad om ursäkt för att han varit ansvarig att få mig rekryterad till ett jobb som nu inte längre var kvar och han meddelade mig att jag var fri att åka tillbaka till Sverige.

Men Kjell och Bertha frågade mig om jag skulle vilja jobba ihop med dom i deras missionsarbete i Eshowe i stället. Dom behövde hjälp och jag tackade jag utan tvekan. Men nu måste dom kontakta Sv Kyrkans Mission om dom kunde acceptera det och betala min lön trotts att jag skulle göra annat jobb än det som var beslutat. Det mest otroliga var att det gjorde dom eftersom biskopen såg själv sin möjlighet att återupprätta misstaget som gjorts. Han såg det orättmätigt emot mig och skulle fullt ut stödja mig i ett samarbete med Kjell och Bertha Löfrot. Så var saken klar och Biskopen var nöjd med beslutet. Träffade biskopen långt senare för att informera om det jobb jag nu gjorde och resultatet. Han måste ju informera Svenska Kyrkans Mission och allt som gjordes.

Vi åkte ner till hamnen dagen efter när båten med min box kommit i hamn. Jag kunde hämta ut min box som vi lastade på Kjells bilflak och vi åkte i väg till Eshowe.

Jag hade då inte den blekaste aning om vad jag skulle göra under dom 3 åren jag skulle stanna i Sydafrika. Jag bokstavligen blundade och bestämde mig för att inget i världen skulle hindra mig från att jobba med precis vad som komma skall. Och det var precis det jag också gjorde.

ESHOWE I KWA ZULULAND

Ligger en liten bit inåt landet lite norrut från Durban. Vi åkte till Löfrots hem där jag fick landa och få hämta andan och känna efter hur det kändes att äntligen vara i Sydafrika. Först måste jag få tag i en lägenhet och den fann jag mitt i centrala Eshowe. Löfrot har 2 barn som gick i katolsk skola. Kjell måste börja med att träna mig i att hantera apartheid som är den rena rasismen som betyder rasåtskillnad mellan vita och svarta. Men också mellan mulatterna i Kap Provinsen som inte gillades vare sig av vita eller svarta. Dom är ju en blandning av både vita och svarta. Ett folk av misstag som dom betraktades som. Vita befolkningen var ursprungligen från Holland och kallades för Afrikaans och talade en sorts holländsk dialekt. Den vita befolkningen som fann stöd i Bibeln för sin överhöghet över dom svarta fann som misstolkats för att kunna bevisa att dom hade högre värde än svarta och färgade.

Fick veta att Zuluerna är den största afrikanska svarta befolkningen och deras representant i Parlamentet hette Mangosuthu Buthelezi och var av zuluisk kunglig börd, prins född den 27/8 1928 han är nu 94 år och lever än i dag. Denne man träffade jag ett antal gånger senare under mina arbetsresor.

Jag fick börja med att åka ut till olika byar och köpa upp korgarbeten från kvinnorna som levde i små byar som måste försörja sig och sina barn. Svarta barn fick inte gå i S A skolor som ju vara dom vitas privilegier. I grunden berodde det på att dom inte hade möjligheter att köpa skoluniformer och skolböcker som kostade pengar och skolor för svarta barn fanns inte heller. Deras män, dom flesta av dom jobbade i guldgruvorna i Johannesburg. Det mesta av deras förtjänster användes till att dricka upp pengarna eller till andra behov. Dom lät aldrig sina fruar att få någon som helst vetskap om vart dom pengarna tog vägen.

Kjell presenterade mig för dessa kvinnor och att jag skulle hjälpa honom i detta jobb en längre tid framöver.

Det jag först blev introducerad i var hur jag skulle klara av mötet med säkerhetspolisen som givetvis redan kände till att jag fanns i Eshowe. Jag hade ju kommit så långt att jag hade hyrt en egen lägenhet på andra våningsplanet mitt i Eshowe. Dit kom en Säkerhetspolis på besök för att förhöra mig om varför jag var där ville kolla mina papper och informera mig om vad som gäller i samhället för en utländsk vit person.

Kjell var mycket bestämd med hur jag skulle bete mig. Att jag aldrig skulle visa den minsta känsloyttring i ansiktet som skulle avslöja min inre oro eller osäkerhet. Det var superviktigt att jag skulle se ut som om jag var totalt känslolös och inte det minsta rädd för dom. Känslolösheten skulle då tolkas som att jag hade samma attityd emot svarta som den vita Afrikaans befolkningen hade. Medkänsla för svarta ansågs som förräderi.

Tro mig, jag klarade mig nätt och jämnt med den teater jag spelade upp inför representanten för säkerhetspolisen. Jag fick ju också veta att dom alltid skulle ha kontroll över vad jag gjorde och var jag höll till. Allt detta fick jag leva med hela min tid i Sydafrika.

Tiden gick och jag måste skaffa mig en egen bil eftersom jag ibland måste åka ensam ut till byarna och köpa upp korgar och annat hantverk som vi skulle sälja till Europa.

Främst till säljas till Svenska kyrkan i Sverige och en stor del även till Oxfam i England. Har mött representanter för Oxfam inte så länge sen här i Sverige men en reformerad Oxfam.

Det blev ett nytt jobb att skaffa Sydafrikanskt körkort och det var en chockartad förfärlig historia.

KÖRKORTET OCH BILKÖPET I BOTSWANA

Den första billäraren var rena mardrömmen för en vit kvinna. Hans blickar på mig talade sitt tydliga språk. Sättet att på olika sätt vidröra mig gjorde mig nästan vettskrämd och tänkte ut hur jag skulle kunna bli av med honom, jag måste ju bli betrodd av dom andra på bilskolan.

När jag äntligen tog mod till mig och berättade om min belägenhet. Obehaget jag upplevde med honom visade sig att jag inte var den första som hade anmält honom. Han blev sedermera uppsagd som körlärare.

Med envishet så tog jag ett sydafrikanskt körkort och nu var jag klar att börja tänka på att köpa en bil.

Under mina ledigheter hände det att jag åkte ner till Durban för att roa mig och vila upp mig från arbetet. Där träffade jag flera andra européer från både Sydafrika och Sydväst Afrika. Det var folk från olika företag och från den Engelska Anglikanska kyrkan där jag fick viktiga kontakter jag kunde få information från.

Träffade bland annat en ung afrikans student från Ghana som numera är Finansminister i den nuvarande regeringen i Ghana. Han är nu gift och har barn. Han lyckades finna mig på nätet och tog kontakt vilket överraskade mig och jag blev mycket glad. Numera har vi endast sporadiska kontakter.

Fick reda på att i Botswana hade man en bilförsäljning till européer som Anglikanska kyrkan drev. En del av dom bilarna var tillverkade för att klara torrtidens damm och sand som kunde skära sönder en motor. Den hade dessutom driv på alla fyra hjulen att klara ren gyttja som kunde vara resultatet på oasfalterade vägar efter dom tropiska regnen. Träffade ett par som bodde just där i Botswana som vid detta tillfälle när jag var där presenterade sig och berättade om deras bilförsäljning. Jag frågade om jag kunde följa med dom eftersom jag var i behov att köpa en bil och det var helt ok, dom hade plats i bilen.

Dom skulle åka upp dit dagen efter vi hade talats vid om att jag behövde köpa en bil. Jag ringde upp Kjell och berättade att jag tänkte åka upp dit och köpa en bil och han blev glad för då skulle han slippa köra mig dit och att jag äntligen kunde få tag på en bil. Svenska Kyrkans Mission betalade mig en bra lön och jag hade god råd att investera i ett bilköp som var avgörande för att jag skulle kunna göra mitt jobb.

Sagt och gjort jag åkte nästa dag.

Det var mycket trevligt att träffa Engelska kyrkans representanter och jag fick övernatta hos en familj under tiden som en Volkswagen beetles gjordes i ordning för mig att köra ner tillbaka till Eshowe. Det tog nästan ett och ett halvt dygn att köra tillbaka men jag blev riktigt bekant med bilen och hur det kändes att köra den...nu var den min och jag njöt av min nya lilla ljusgröna bil. Den var en aning bredare mellan däcken för att klara regntidens lersörja och svåra backar. Den var verkligen anpassad för ett tropiskt klimat.

Kjell hade varit orolig hur jag skulle klara mig ner men han insåg att jag bara måste klara det själv eftersom det skulle bli min mission att börja köra själv ut till byarna och köpa upp korgarbeten och andra slöjdarbeten för att packa bilen full ta ner till Eshowe och våran butik vi hade köpt. Jag fixade det och började känna mig bekant med det mesta.

Jag fick uppdraget att måla en skylt att ställa upp utanför huset som fungerade som våran butik. Den fick en viss likhet med den jag målade till samernas campingplats i min hemby.

CZESA SJUKHUS VÄVATELJÉN

Jag fick åka med Kjell den allra första tiden innan jag hade köpt min bil till Czesa sjukhus där ett svenskt par som var vävlärare på en stor vävateljé intill sjukhuset. Dom kände jag lite mera flyktigt från Sverige men som nu hade varit där i ett antal år, utbildade zuluer i vävnadens konst. Det som jag blev delaktig i var vissa delar av designen av dom stora väggmattorna som vävdes på beställning till olika företag och kyrkoförsamlingar både i Sverige, England och En av dessa väggmattor sitter nu på en vägg på Svenska Ambassaden i USA.

All ullen klipptes från fåruppfödarna där vi köpte ullen ifrån, tvinnades till vävgarner och växtfärgades. Många zuluer var duktiga i att växtfärga inte bara garner utan också material till dom korgar som vi köpte upp och sålde som gav goda inkomster till zulu familjer vi köpte korgarna ifrån.

Garnerna spanns och lindades upp i tjocka härvor och efter färgningen hängdes dom på tvättlinor för att torkas. Sedan skulle dom lindas upp på rullar för att kunna hanteras av vävarna. Tomma garnspolar använde jag till att linda upp dom torkade ullhärvorna på vilket visade sig var mycket bättre än bara en hopvriden tidning man hade i början som gjorde spolen ojämna och otymplig att hantera. Märkligt var att ingen hade tänkt på det innan jag föreslog det.

Vävstolarna hade dessa konstlärare importerats med egna pengar från Glimåkra vävfabrik och transporterats med båt till Sydafrika.

Lite kuriosa var att en gammal man som hade sin lilla hydda i grannskapet jobbade som vävare. Han hade blivit en riktigt skicklig vävare och var också delaktig i designen av mattorna. Han lärde mig en hel del om zuluiska mönster av gammal och ny tradition. Dessa mönster fann jag även i korgar och krukor. Han byggde sin egen vävstol enligt modell av Glimåkras vävstolar. Han visade mig sina vävskedar i sin lilla hydda dit han hade bjudit mig att se med egna ögon vad han hade gjort. Han var mäkta stolt över att nu vävde han egna mattor som han sålde själv och hade fått en egen inkomst pga. sin kunskap han hade fått och lärt som vävare. Innan jag började åka runt mera regelbundet med Kjell så åkte jag till Czesa och var med i designen och framställningen av garnfärgningen. Det var viktigt att färgnyanserna var av rätt mättnad som var min uppgift ibland att utvärdera. Det gjorde jag alltid tillsammans med den gamle mannen som gjort sin egen vävstol.

Vi hade ibland besökare från både Sverige och andra länder som kom för att köpa en del av dessa mattor och gjorde uppköp, oftast att hängas i offentliga inrättningar och miljöer.

NYTT MÖTE MED SÄKERHETSPOLISEN

Jag bodde ju ganska länge i lägenheten. Efter ett tag upptäckte jag bara en liten bit strax utanför Eshowe centrum nybyggda radhus med tillhörande bilgarage. Ägaren bodde i ett hus strax ovanför radhusen. Ett av husen var ännu inte uthyrt och tog tillfället i akt och åkte dit och frågade om det var ledigt och det var det. Jag skrev kontrakt på huset och kunde flytta in så snart jag ville.

I Sydafrika som i Kina står alltid ett nybyggt hus eller lägenhet helt tomt, inga vitvaror eller spis, allt det började jag att köpa in och fick installerat. Sist gick jag till myndigheten att köpa och installera elen i huset.

Där var de en lång kö och jag ställde mig sist i kön. Efter en stund stod andra personer bakom mig. En man bakom mig började tala med mig och säger bara så där...

hur känns det att flytta in till ett nytt radhus jag vill gratulera till köpet. Först blev jag häpen eftersom jag inte hade den blekaste aning om vem han var. Sa att jag inte hade köpt huset utan får hyra det. Men han presenterade sig tillhöra säkerhetspolisen och ville påminna mig om att jag skulle veta att dom visst om allt som jag gjorde och var jag befann mig. Sedan gick han för han hade inget ärende själv till myndigheten. Han stod bara där för att tala med mig. Jag fick en klar och tydlig insikt om att jag var ständigt övervakad.

Berättade för Kjell som undrade om jag klarade av att hålla god min och göra så som han hade lärt mig. Jag hade lyckats i sista sekund samla ihop mig och klarade provet. Men nu visste jag att när jag skulle börjat åka ensam till sjukhuset och till zuluområdena skulle jag ha säkerhetspolisens kontrollbilar efter mig att hålla koll på allt jag gjorde. Allt detta var något jag bara måste vänja mig vid och lära mig att helt ignorera men vara medveten om hur jag skulle agera i alla lägen.

INKÖPET AV VÅRAN BUTIK 1972 VUKANI BLEV TILL

Kjell hade ju redan innan jag kom köpt ett hus mitt i centrala Eshowe dit vi forslade alla korgar och slöjdarbeten som skulle prissättas och paketeras. Sedan skickas till för försäljning till annat land. En Zulukvinna var anställd att göra en del av det jobbet och bevaka butiken under tiden vi var ute i byarna.

Jag fick uppdraget att fixa en skylt utanför våran butik som vi kallade för VUKANI. Den fick liknande utseende som den samiska skylten jag gjorde till samernas turistanläggning i min hemby. Skillnaden var bara textens innehåll.

För några år sedan kontaktade Kjell mig på telefon hemma i Västerbotten. Han hade drabbats av en stroke och berättade att Bertha hade avlidit några år tidigare. Han talade långsamt och ostadigt men berättade att han hade besökt Eshowe strax innan han blev sjuk. Det intressanta var att huset vi hade i Eshowe blivit ett litet museum med bilder på oss och allt vi hade gjort där. Jag blev väldigt överraskad av den informationen men det har nu blivit ett litet dokument som kommer att finnas där många år framöver. Vi har bokstavligen lämnat tydliga spår efter oss.

MIN FÖRSTA BILTRANSPORT TILL JÄRNVÄGSSTATIONEN
Vill berätta om en rolig händelse innan jag hade egen bil. Skulle skicka 2 stora pappkartonger av halmslöjd vi gjort till Oxfam i England, Det var halmstrån vi gjort till juldekorationer och mobiler som var populärt i Europa. Det gav bra med pengar till dom som samlat ihop all halmen som vi kunde sitta och göra julmobiler av.

Vi anställde en mycket trevlig gammal man som fick jobba med detta och som fick en inkomst att leva på. 2Han hade ju inga inkomster som gammal och inte heller någon familj som kunde stödja honom. Han blev oss trogen resten av sitt liv.

En dag skulle jag transportera dessa 2 pappersboxar fulla med halmarbete ner till järnvägsstationen. Dom skulle skickas med tåget ner till Durbans hamn att transporteras till England. Jag körde Kjells stora Ford med ett litet flak. Jag måste ha sett väldigt liten ut som nådde strax över bilratten.

Det hör till saken att dessa kartonger var mycket lätta eftersom det bara var halmarbeten i dom. Mannen på stationen ordnade med dom papper som behövdes för att sedan lastas på tåget som vi väntade på.

Jag hade inte tagit ut kartongerna från bilen och mannen kom för att hjälpa mig lasta ur dom. Han tog för givet att dom var mycket tunga, frågade inte om dom var tunga och tog i med full kraft att lyfta ur dom från flaket. Det som hände var mer än komiskt.

Han ramlade bakåt med hela kartongen över sig och hans ansiktsdrag var helt otalbar. Men han hade humor, skadade sig inte och vi skrattade rejält åt hela händelsen. Varje gång jag kom ner med flera boxar som skulle skickas skrattade han åt mig och frågade på skämt hur tunga dom var.

Tåget kom in på stationen med loket som hade en gammaldags skorsten som det rykte och bolmade rök ifrån. Jag upplevde mig själv som att vara i en gammal film med lokföraren som tittade ut och vinkade åt oss.

Han var mycket trevlig, kom själv ut och hjälpte oss med att lasta in boxarna som även han först trodde var tunga och skrattade förnöjsamt åt hur lätta dom var.

TIDEN GICK

Vill berätta om hur jag mötte Mangos Buthelezi dåvarande zuluernas representant i den Sydafrikanska regeringen. En dag, den första gången jag åkte upp till en liten skola i bergen. Dom försörjde sig på att göra korgar av traditionella mönster och former men också donationer från Buthelezi. Ett skolhem för eleverna som bodde långt därifrån var vardagen för dessa människor. Där gick också Buthelezis 2 söner.

När jag kom dit var han där med 2 andra personer som var hans livvakter. Vi talades vid och han ville veta varför jag var där och blev mycket glad och intresserad av det vi gjorde i Sydafrika. Jag fick glädjen och förmånen att träffa honom igen ett antal gånger på den platsen.

Den sista gången köpte jag upp lite korgarbeten och 2 zulukvinnor med rejäl rondör ville åka tillbaka med mig till en plats där jag passerade innan jag kom till Eshowe.

Dom hade 2 lådor med levande kalkoner som vi spände fast uppe på taket innan vi sedan åkte i väg. Det otroliga var att vi klarade av hela resan utan missöden. Kalkonerna blev visst till en kvällsmiddag som dessa damer skulle anrätta som en gåva för dom familjer som dom besökte. Men vi hade även en del korgar också som tog resten av platsen i bilen.

EN LIVSAVGÖRANDE HÄNDELSE

En dag skulle jag köra en man till sin lilla hemby i ett enkelt ärende. När vi närmade oss bad han att få kliva av och jag såg inget hus eller hydda, men han sa att det var bara lite nedanför en backe. Jag skulle bara vänta tills han skulle vara tillbaka. Jag såg bilspår framför mig och tänkte jag kunde köra lite närmare.

Jag upptäckte för sent att jag hade hamnat mitt på ett klipputsprång som inte var större än ca 3 m framför mig och bakom och det slutade i ett brant stup. Något annat val fanns inte annat än att jag måste upp därifrån. Men hur.

Några afrikaner stod uppe på sluttningen bakom mig därifrån jag kommit och såg hela händelsen. Dom såg bokstavligen vettskrämda ut men kunde inget göra.

Jag började växla till 1ans växel och började zick zacka fram och tillbaka ända tills jag helt vänt bilen för att köra upp från klippsprånget. Det gick nämligen inte att bara backa tillbaka eftersom underlaget var halt. Med ett totalt fokus lyckades jag att komma upp. Dom som stod där se mig komma upp igen, sprang emot bilen och skrek av glädje över att jag lyckades komma upp. Dom skrek på zulu och hälsade hambagahle och jag förstod deras glädje. Jag gick ut och vi kramade om varandra.

Efteråt måste jag bara sitta still och få tillbaka lugnet och få chocken kontrollerad. Mannen jag väntade på skulle komma tillbaka, kom lite senare och dessa människor förklarade på zulu vad som hade hänt. Alla pratade med stor uppståndelse vad som hade hänt.

Han bad mig om ursäkt för att inte ha talat om hur det ser ut där och att det inte gick att köra vidare. Händelsen gjorde mig mycket mera varsam att alltid kolla upp vad som finns framför mig innan jag tar några som helst beslut hur jag skulle ta mig fram. Vara uppmärksam på den omgivande terrängen. Lärde mig att alltid kontrollera allt innan jag kunde köra vidare. En nyttig lärdom jag haft vid flera andra tillfällen.

Men en annan lärdom var också vad jag kunde åstadkomma med ett totalt fokuserande på vad jag måste klara av och också göra det. Man har ofta dolda egenskaper som man vid vissa tillfällen bara måste ta fram och genomföra med livet i behåll

GENVÄGEN GENOM HLU HLUWE NATIONALPARK
Kjell åkte före mig upp till ett ställe i ett bergsområde som heter drakensbergen. Där finns både ett litet sjukhus och skolområde där det inte fanns någon elektricitet. Man måste hinna ditt innan mörkrets inbrott. Jag skulle komma senare av en anledning jag inte kan komma ihåg varför. Det hade regnat en hel del. Beslutade att ta en genväg över ett viltområde som varnade att man åkte på egen risk och att man skulle observera varningsskyltarna. Det var ok för mig eftersom jag hade gjort det många gånger tidigare och sparat mycket tid. Många av våra resor styrdes av att hinna under dagens ljusa timmar.

Beslutade att ta genvägen för att hinna till platsen där Kjell redan var innan det blev mörkt. Kjell hade informerat mig om den beräknade körtiden som krävdes för att hinna dit i tid.

Det första jag mötte var en varningsskylt för ett viltreservat för lejon och att om man stannar så gör man det på egen risk.

Tänkte väl inte så mycket på det, jag satt ju i min bil och jag måste ju köra vidare.

När jag väl passerat skylten såg jag en grön eller blå bil som jag inte riktigt minns färgen på. Den körde strax före mig och som hade stannat för att se på dom 3 lejonhonor som låg på vänster sida om vägen med sina små ungar. Honorna såg lata ut ligga på rygg med benen i vädret och ungarna lekande runt omkring sig.

Jag väntade att bilen framför mig skulle dra och när den gjorde det körde jag ner och närmade mig honorna. Hade glömt att veva upp sidorutan när jag stannade bilen framför honorna.

Då var det som om en av honorna vände sig och klev upp från sitt bekväma ryggläge. Hon kom i sakta mak runt bakom bilen fram till fronten. Jag hade lite sinnesnärvaro att snabbt veva upp rutan och såg in i ögonen helt fokuserad på vad hon skulle göra.

Jag var rädd hon skulle kliva upp på taket, men det gjorde hon inte utan någonting mycket värre. Hon hoppade upp på framhuven med sina stora framtassar och klöste sönder lacken med sina vassa klor och ränderna syntes tydligt. Ljudet var mer än häftigt.

Sen klev hon av och knyckte på nacken som om hon sa till mig att ... dra härifrån här är mitt revir. My God vad hade jag just varit med om.

Min förlamning släppte och jag kunde starta bilen och köra i väg. Strax framför svängde vägen uppåt igen och där på uppfarten stod en lejonhanne med värdens halspäls och brölade emot honorna.

Han var inte det minsta intresserad av mig, tittade inte ens åt mitt håll men jag stannade inte, hade redan accelererat och ville därifrån fortast möjligt. Jag hade ju redan sinkat min tid och måste hinna i väg så fort som möjlig. Men var ledsen över den skadade lacken efter lejonhonans klor. Bilen skulle ju nu ha totalt förlorat sitt andrahandsvärde. Och att lacka om skulle kosta onödiga pengar.

Sen kom nästa problem intill bergssluttningen innan jag skulle vara uppe på berget där Kjell väntade. Bara En timme innan mörkret skulle komma måste jag stanna inför ett strömmande vattendrag med bara 2 cementerade plan för hjulen att köra på för att komma upp på andra sidan som sluttade starkt uppför. På grund av regnet var underlaget slipprigt och nån annan väg fanns inte. Jag måste bara ta mig över och uppför. Problemet måste lösas.

Steg ut ur bilen med bara fötter, för att gå ner i vattnet som inte var särskilt djupt, bara upp till smalbenet för att känna av hur stark vattenströmmen var. Måste få veta hur jag skulle köra utan att bilen började flyta i väg med vattnet. Satte mig i bilen, la in Ettans växel och började köra fokuserat utan att ens stänka på vad jag just höll på att göra.

Det visade sig att vattnet inte var det värsta utan lersörjan på sluttningen. Men min bil hade driv på alla 4 hjulen för att klara sånt underlag. Till slut lyckades jag komma upp på krönet där det var lika lerigt som på sluttningen. Stannade och var ganska skakig och chockad över att jag faktiskt hade klarat mig.

Jag var medveten om att jag befann mig i ett s k svart område vilket kunde innebära att jag som vit kvinna kunde bli attackerad och dödad. Jag insåg att om bara ca 15 minuter skulle det totala mörkret göra de ännu svårare att hitta fram utan att något kunde hända. Inget hände men det var redan beckmörkt när jag kom upp till byn och bara mina billyktor lyste upp en del av området.

 Där stor Kjell och en del av sköterskorna och mötte mig, oroliga över min försening som jag berättade om. Mötet med lejonen där jag hade stannat ansåg dom hade varit totalt korkat och att jag inte hade begripit faran. Jag skulle bara tacka Gud att jag klarat mig med livet i behåll.

 Bara en sak kvarstod...att äta lite och gå i säng omedelbart. Nästa morgon skulle vi lasta bilarna med korgar som skulle säljas och köra samma väg tillbaka, men då hade jag Kjell med mig. Inget hände på vägen vi klarade oss bra trotts allt.

OVANPÅ ALLT EN ÄNNU EN MER SKRÄMMANDE DAG

Kjell och Bertha hade blivit inbjudna till en svensk kvinna som varit längre i Sydafrika än Kjell och Bertha. Hennes kontrakt hade gått ut för länge sedan och Sv Kyrkans Mission hade upphört att betala henne just p g a den orsaken. Hon hade på något sätt upphört med sitt jobb och blivit kvar. Hur hon försörjde sig kan jag inte riktigt komma ihåg men jag vill minnas att hon tillverkade saker som hon i sin tur sålde och kunde på något märkligt sätt försörja sig. Hon bodde lite avsides och klarade sig tydligen nätt och jämnt men ville inte komma tillbaka hem till Sverige. När jag träffade henne upplevde jag henne verkligen som en udda person inte bara i sättet men också i utseendet. Hon var verkligen en mycket märklig människa.

Men det jag vill berätta är vad vi upptäckte bara någon kilometer från hennes hus. Vi var nästan framme då vi stannade på vägen där vi ser något som ser lite konstigt ut i ett dike strax framför oss invid vägen.

Vi stannar upp går ur bilarna för att se efter vad det var. Vi trodde det var ett dött djur som vi tänkte gräva ner för att inte dra till sig vilda djur att komma och kalasa på kadavret.

Det jag såg har aldrig upphört att lämna den synupplevelsen. En afrikansk man var bokstavligen styckad i flera delar. Huvudet låg nere vid fötterna och armar och ben lite huller om buller kring kroppen och kläderna totalt nerblodade men också kroppen var sönderskuren som efter knivskärning för att märka kroppen. Att detta måste ha blivit gjort bara några timmar innan vi kom förbi märktes eftersom inget hade börjat ruttna.

Men flugsvärmen runt om var obeskrivlig och även ljudet dom åstadkom.

Flugorna svärmade runt det hela och förstärkte den gräsliga synen speciellt med flugornas ihållande ljud.

Stanken var obeskrivlig och att detta var gjort pga. hat var uppenbart eftersom man stympat honom uppifrån och ner och inte gjort något för att dölja kroppen.

Kjell ringde polisen vilket han i normala fall aldrig skulle göra eftersom han aldrig riktigt litade på dom av olika orsaker. Men här fanns det inget annat val att göra.

Att detta inte skulle kunna redas ut av vem eller vilka som gjort detta visste vi och även polisen skulle vara en total omöjlighet att få vetskap om. Det enda dom kunde göra var att komma med ett team och röja upp och begrava mannen i den så kallade den okändes grav för afrikaner. Där fanns det många begravda. Identiteten gick givetvis inte att finna och ingen människa i världen skulle finnas som skulle erkänna vem som hade gjort detta. Det var en av dom omöjligheter som polisen stod inför just p g a apartheid.

Vi stod där en stund efter att polisen hade åkt för att hämta folk att ta vara på eländet. Vi stod där en stund och bad om Guds välsignelse över mannen. Eftersom Kjell var präst tyckte han att han borde göra det för denna arma man som bokstavligen skändats på ett så absolut bestialiskt sätt.

Vi åkte till denna märkliga kvinna under tystnad och berättade om händelsen. Hon berättade då att ett till sådant mord hade inträffat bara 1 vecka sedan men en liten bit längre bort. Ingen hade givetvis sett nåt för det gör man inte.

Denna händelse och mötet med denna märkliga kvinna upplevde jag hängde ihop på något sätt. Inte att hon hade mördat någon, utan hennes märkliga person och sätt och utseende som hon utstrålade.

Än i dag kan jag minnas inför min inre syn vad jag såg och upplevde. Hatet och fiendskapen mellan afrikanska stammar som kunde vara så ohyggligt brutal. Det är ett av afrikanska problem som fortfarande många grupper av afrikaner lider av än i dag.

Men även efter denna händelse går livet vidare och vi måste bara ta oss samman, åka hem och gå vidare i vårt arbete.

MEN SÅ EN DAG....

Kjell hade redan åkt och jag skulle komma lite senare av någon anledning jag inte kan minnas varför. Men jag åkte till butiken för att förbereda mig inför en resa till någon by och prata lite med den kvinnan som vi hade anställt i butiken för att ge lite information om när hon kunde vänta oss tillbaka.

Då inträffar något jag var totalt oförberedd på.

Hon hade totalt ändrat attityd som om hon plötsligt var en helt annan människa än den hon vanligen var. Jag kan inte minnas att vi aldrig hade haft några oegentligheter emellan oss och vi hade alltid trevligt när vi jobbade ihop. Vi skrattade ofta tillsammans åt roliga upplevelser och betalade henne en god och skälig inkomst för sig och sina barn. Där fanns inget som tydde på att hon skulle känna agg emot oss.

Men, så helt plötsligt när jag var på väg ut för att köra i väg så ser hon på mig och kräks upp framför mig och jag trodde hon blivit sjuk, hon säger hur mycket hon hatade oss för att vara förmer än henne p g a att vi var vita och hon var svart. Apartheid hade visat mig sitt förfärliga ansikte och vad det hade gjort med människor.

Jag bara stod där och samma känslor överväldigade mig som den gången jag blev spottad på i ansiktet i Telefonväxeln i min hemby och orden var likartade. Jag hade märkt en viss tendens hos Kjell som jag inte gillade men inte speciellt märkbart men där fanns en viss gräns mellan honom och henne som jag inte kände mig bekväm med. Kunde inte ta på det eller förklara vad eller hur. Kommenterade heller aldrig mina känslor eftersom jag var lite osäker på vad dom betydde. Tänkte att jag kunde ju ha fel. Hade ju inte erfarenhet nog att avgöra vad som var vad.

ZULUISKA KRISTNA PRÄSTER

Hade blivit bekant med zuluiska kristna präster som bodde i Bantustan som platsen heter. Där bara svarta bodde helt skilda från det vita området i Eshowe och så såg det också ut överallt i Sydafrika. Alla afrikanska områden kallas för Bantustan.

Dom hade förvarnat mig inför det underliggande hatet hos afrikaner emot vita och vice versa som inte alltid syntes men ändå fanns där som en osynlig mur men ändå tydlig och klar. Ingen part klev över den murgränsen. Jag kunde känna tillit till dom och vi närmade oss till en mänskligt god samvaro.

Dom blev ett stort stöd för mig i detta arbete vi gjorde. Dom förstod hel klart mitt dilemma jag hade hamnat i mellan Kjell och mig när jag mer och mer började egen mission som jag ska beskriva om längre fram i denna berättelse. Dom var egentligen det stöd jag behövde för att över huvud taget kunna stanna kvar och avsluta mitt kontrakt i Sydafrika. Dom lärde mig hur jag måste anpassa mig och vad jag måste accepter vad gäller osynliga gränser och attityder som drivs genom Apartheid som separerade människor p g a raslagarna som genomsyrade totalt allt i det Sydafrikanska samhället.

Som svensk var allt detta mycket plågsamt och smärtsamt att leva i. Men när jag tänker efter fanns ju det mera osynligt för mig, mellan oss svenskar och den samiska befolkningen, men som ung varken såg eller upptäckte jag nånting. Inte förrän i vuxen ålder fick jag veta om att detta fanns. I min egen familj rådde aldrig några som helst såna tendenser.

Det har sedan resten av mitt liv påverkat mig till överkänslighet emot allt som skapar åtskillnader mellan människor i alla dess osynliga gränser och nivåer och när jag möter det, upplever jag en stark smärta...DET GÖR MYCKET ONT.

Jag blev ofta inbjuden till deras personliga firanden av födelsedagar och enkla måltider och den vänskapen var och betydde allt för både mig och dom. Alla mina besök måste göras mycket diskret och stor försiktighet att inte säkerhetspolisen skulle upptäcka våran vänskapliga kontakt.

Långt senare kom ett par av dessa präster på besök till Uppsala där vi träffades igen och mötet blev mycket känslosamt. Den vänskapen sitter ännu kvar och kommer så att vara resten av mitt liv.

EFTER HALVA KONTRAKTSTIDEN

Jag hade nu mera och mer glidit in i min egen lilla mission och blivit mera personligt bekant med kvinnorna i dom små zulubyarna. Att dom inte kunde sätta sina döttrar och söner i skola p g a omöjligheten att skaffa skoluniformer och även hade nog med pengar att köpa skolböcker var ett sorgligt kapitel. Frågade om dom skulle vilja få hjälp med det. Efter en del diskussioner beslutade jag att rita mönstren, köpa trådrullar, saxar, symaskiner som man kan veva för hand att sy med. Jag måste köpa dom blå och vita tyger som behövs för att sy skoluniformer efter modell som gällde. Det var något jag själv kostade på. Köpte allt i Durban vid tillfälle när jag var ledig. Hade köpt en skolklänning från en vit affär och kunde se i detalj hur en sådan skolklänning skulle se ut och även för skolpojkar.

Hela rasket tog jag ut till 2 byar där jag utbildade dom unga som var mest lämpade att lära sig sy på maskinerna och klippa och sy ihop dessa uniformer. Klänningarna och skolbyxorna skulle vara av en speciell blå färg för att vara godkänd. Vita rundade halskragar och vita manschetter som avslut på dom korta ärmarna.

Dom kunde sen i sin tur själv visa andra kvinnor att göra alla dessa uniformer och sälja dom till andra familjer.

Så snart dom fått sina pengar för dom korgar vi köpt kunde dom betala för det. Med tiden kunde barnen gå i skola. Men skolorna fanns inte i början. Dom startades inom kwa zulu området av andra utbildade zuluiska lärare. Sen var hela den skolverksamheten i gång sakta men säkert. Det mesta av detta kom i gång långt efter jag hade lämnat Sydafrika.

MITT ANDRA PROJEKT

Innan jag kom till Sydafrika var det mycket vanligt att afrikanerna kunde stå intill en motorväg och vifta med sina korgar och krukor. Fick bilarna att stanna och få sälja sina produkter. Det flesta av dessa arbeten var inte alltid av bästa kvalité eftersom dessa korgar inte alltid uppskattades som särskilt intressanta eller bra gjorda. Det betraktades ju som dom svartas konstigheter och som lite kuriosa att ha med som souvenirer.

Min motivation var också att zuluerna själva skulle bli mera stolta och motiverade. Det fanns ett värde i att öka kvalitén av sina traditioner som ju ändå var en del av deras liv och historia. Dom började även ta fram gamla mönster som bara dom äldre hade gott minne av.

Jag beslutade att försöka involvera dom mest kunniga och unga nog att kunna ta ansvar för att bygga roundavels. Det är en rund hydda med halmtak som kunde inredas med lite hyllor att ställa upp alla sina arbeten på och kunderna kunde gå runt där och se allt. Jag propsade på att kvalitén skulle förbättras där dom äldre var mest kunniga på dom gamla mönster.

En del av just dessa finaste arbeten tog vi med till Kap och kunde sälja till minst det dubbla mot vad vi kund få för dem i KwaZulu land. Men detta lilla projekt innehöll också lite utbildning i ekonomi och prissättning beroende på kvalité och mönster. De zuluiska prästerna i Eshowe uppskattade verkligen den förbättringen.

SVERIGES KUNG GUSTAV VI ADOLFS BEGRAVNING OCH CARL XVI GUSTAV TILLTRÄDER TRONEN

Sverige har ett antal Ambassader i Sydafrika som bjöd in alla svenskar som befann sig där. Detta var naturligtvis en mycket viktig händelse att se en Filminspelning från kung Gustav Adolfs Begravning och Carl Gustavs trontillfälle. Eftersom det inte fanns någon TV då i Sydafrika fick alla se en TV sändning som var filmad och skickad till alla svenska Ambassader och beskickningar runt om i världen.

Kjell, Bertha och jag bestämde att tacka jag till inbjudan till Ambassaden i Sydafrikas Huvudstad Pretoria för att även närvara vid den middag som bjöds vid tillfället.

Vi tog ett flyg från Durban och tog in på ett välrenommerat hotell och gick till Ambassaden därpå där filmen skulle visas. Det ja upplevde var den speciella känslan som infinner sig när man är i annat land av att vara svensk och den atmosfär vi befann oss i där alla talade svenska och svensk mat bjöds på.

Minns inte vad middagen bestod av men det var mycket trevligt och intressant att träffa andra svenskar. Det var folk som antingen jobbade på olika företag, egna företagare och annat udda folk som var gifta med någon Sydafrikansk medborgare. En mycket speciell upplevelse. Den som var svensk Ambassadör då har jag inget minne av.

Vi fick veta att Sverige var mycket uppskattat som land eftersom vi var en stor bidragsgivare på mer än ett sätt just till Sydafrika. Svenskar var alltid välkomna till Sydafrika och omtyckta landsmän.

Gustav VI Adolf dog den 15 september 1973 och svensk TV visade hans begravning och Karl XVI trontillfälle.

Vi stannade en dag till i Pretoria för att shoppa och turista och ha det lite ledigt. Sedan tog vi flyget tillbaka till Durban där vi hade våran bil, stannade en natt på Svensk Bo innan vi sedan åkte hem till Eshowe.

LÅNGT SENARE RESAN TILL KAPSTADEN
Vi hade beslutat att åka ner till Cap Town eller Kap staden som vi säger i Sverige, längst ner vid Sydafrikas sydligaste spets. Vi hade med oss dom allra bästa och finaste genuina korgarbeten vi hade köpt in. Dels för att göra lite mer reklam för vad zuluiska korgarbeten visade av den kulturskatt som fanns i landet. Men i första hand var orsaken att kunna ställa ut dessa arbeten och sälja så dyrt som vi bara kunde.

Vi körde nästan helt i sträck och resan tog nästan 12 timmar med 2 uppehåll för tankning av bilarna. Vi hade beslutat att ta en paus på vägen för att kunna se Robben Island där Nelson

Mandela satt fängslad. Han var dömd att sitta där från 1964 till 1982 men blev frigiven när han varit där i 18 år.

Från fastlandet kunde man se Robben Island rätt bra. Han blev ju sedermera president i Sydafrika. Dessutom fick han vid ett tillfälle tilldelats Fredspriset. Han ville sluta fred med den vita afrikans befolkningen och att inget blod skulle spillas. Han ansåg att allt var slut och förlorat och ännu mera att förlora fanns helt enkelt inte.

Table Mountain i Kap staden är platt på toppen och har fått namnet Table som ett bord. Den största folkgruppen är blandrasen mellan vita och svarta, avskydda av både vita och svarta som varande det största misstaget att vara både vita och svarta i ett och samma folk.

Bebyggelsen är mycket europeisk och påverkad av vad Afrikaansbefolkningen hade byggt där.

Att bada var inte speciellt rekommenderat eftersom havet utanför där de varma och kalla haven möts som skapar märkliga cirklande vattenrörelser, Det varma havet bildar en ljusare färg än det kalla havsvattnet. Där finns även idag vithajen mycket rikligt förekommande. Numera har stor forskning gjorts kring dessa hajar.

Utställningen var en framgång och vi kunde sälja näst intill allt med god ekonomisk vinst.

Nu skulle vi utse 2 vinnare som skulle få stipendier att åka till USA för konststudier och till England för dessa pengar. Vi skulle också underhålla dem ekonomiskt också under studietiden. Detta blev också genomfört.

Under besöket i Kap träffade jag på en kvinna som arbetade som textilkonstnär i Lesotho. Ett litet land inne i Sydafrika på en liten befolkad ort som heter Maseuro. Landet är bergigt och massor med grus och oländig mark som inte hade några vägar. Hon heter Marion.

Hon berättade att hon hade en vävateljé där hon vävde stora väggmattor hon sålde runt om i världen. Hon hade utställningar i Kap lite av och till när hon fått ihop tillräckligt med mattor att ställa ut. Hon fick veta om mig och min utbildning i väv och textil. Hon blev mycket entusiastisk över det jag gjorde och bjöd mig komma och hälsa på henne vid tillfälle. Hennes intensioner var att jag skulle kunna komma och jobba hos henne efter mitt kontrakt var slut i Kwa Zulu.

Vi skildes med löftet att jag skulle tänka på saken men att jag också skulle komma och hälsa på innan jag åker hem. Det gjorde jag också. Innan jag åkte till Durban för att sälja min bil åkte jag till Lesotho och besökte henne. Jag är än i dag överväldigad över dom mest fantastiska vävar hon hade hängda i sin väl tilltagna ateljé. Hon erbjöd mig att jobba med henne och betala mig bra om jag var intresserad att stanna och jobba med henne. Det var faktiskt på vippen att jag hade tackat ja till hennes erbjudande.

Men saken var den att jag hade fått en mindre variant av malaria som jag måste få hjälp med och en del utslag på läppen som inte ville läka så bra. Det var en av orsakerna till att jag tackade nej men jag hade andra orsaker också som jag inte ska gå in på här. Jag hade fått problem med mitt skadade öga. Hade fått en tillfällig ögonprotes som måste få en ny och bättre ögonprotes som jag bara kunde få av dr Muller hemma i Stockholm.

Låg på sjukhus i Durban där jag fick tillfällig hjälp med en ögonprotes som inte gjorde mitt utseende särskilt bra. Mesta tiden bar jag mörkare glasögon för att skydda mitt utseende. Marion och jag har haft sporadisk kontakt. Men nu är kontakten slut. Hon har idag inte kvar sin ateljé och har avslutat som textilkonstnär och flyttat till England. Hon är 2 år äldre än jag och bor på ett äldreboende i Birmingham där jag har besökt henne tillfälligt. Hennes minne var lite fördunklat men hade små ögonblick då hon kände igen mig.

MYCKET ATT TÄNKA PÅ

Det viktigaste att vara införstådd med var alltid att ta hänsyn till vilda djurs egna områden och privilegier att få vistas där och leva sina vilda liv utan mänsklig påverkan.

Eftersom dom var fria i olika öppna viltområden jag ibland måste genomkorsa för att minska på köravståndet, så var en del av dessa möten oundvikliga.

Men även möjligheten för överfall och att bli dödad av den svarta befolkningen när jag som vit kvinna körde igenom dessa områden. Det var ju avsedda endast för svarta och att köra igenom ett sådant område var att göra det på egen risk.

Jag lärde mig hur jag skulle förbereda mig inför en resa till ett afrikanskt byområde och hela tiden ha säkerhetspolisen en bit efter mig i hälarna. Måste alltid ha med mig plastdunkar med vatten att svalka ner däcken med. Solhettan hade bränt så mycket, att det fräste om hjulen när jag hällde på vatten att kyla ner dom för att kunna köra hem igen.

Lindade ratten med banansnören jag fick av afrikanerna för att inte bränna händerna. Köpte alltid grillad kyckling och hade dricka med mig som skulle räcka för hela dagen.

En matbar i Eshowe var experter på att grilla kyckling med olika kryddor och smaker som gjorde dom mycket delikata. Kunde ibland köpa s k Brai som man hade grillat kött uppträtt på trästickor, det var lätt att packa ner i kylväskan.

Sydafrika är en stor köttproducent och tillgången var god eftersom dom vita farmarna hade stora boskapshjordar som kunde tillhandahålla mycket kött.

I Eshowe och andra orter runt om finns alltid grillplatser. Dit kan man gå och vara tillsammans och grilla Brai, det var mycket populärt och flitigt använda. Men naturligtvis var det enbart för dom vita. Men även afrikanerna gjorde såna platser inne i Bantustan.

MINA BILRESOR

Måste alltid anpassa mina besök i byarna så att jag skulle kunna komma hem före kl.3 på eftermiddagen. Under den s k sommartiden började alltid dom tropiska åskvädren att härja under några timmar. Tropiska regnväder är så hopplösa och totalt omöjligt att över huvud taget kunna köra bil. Den mängd vatten som då bara ramlar ner från himlen har ingen som helst likhet med ett svenskt sommarregn. Få av dom vägar jag körde igenom svarta områden var asfalterade, för att säga inga alls.

Det är floder som rinner och svämmar över alla vägar och gör det inte helt ofarligt att kunna ta sig fram. Man kunde riskera att hela bilen kunde flyta i väg med allt vatten och kanske hamna någon annanstans än dit man hade tänkt sig.

Om jag nån gång kom i väg lite för sent blev det nästan att jag måste stå på gasen och inte missa hemkomsten. I annat fall, skulle jag få stanna bilen nånstans på en opassande plats och krypa ner i bilen pga. allt regnandet. Vad värre var, att jag då kanske inte skulle ha en chans att komma hem innan kvällsmörkret.

Dessutom var det förenat med en viss livsfara att som ensam vit kvinna stanna för länge innanför ett afrikanskt område då man oftast blev rånad eller helt enkelt dödad. En realitet jag alltid måste ha i åtanke och åka vidare oavsett tiden på dygnet.

Gatljus fanns ingenstans och nattmörkret i Sydafrika var mörkare än svart och ännu svartare om det var mulet. Risken att då möta vilda djur som var på väg att korsa en motorväg eller en lokal landsväg, skedde oftast när det var mörkt. Då fanns det inte en chans att få bort djuren. Det var bara att sitta kvar och vänta tills dom hade passerat över vägarna. Och det hände ju ändå lite titt som tätt.

Det hände att afrikanerna hade höns som sprang fritt omkring som behagade spatsera över motorvägarna. Jag lyckades inte alltid att missa en höna som jag sedan fick smällande emot bilen i hög fart och fjädrar och blod smetade sig fast på bilen. Inte så roligt sen att tvätta av. Men nåt annat val fanns inte. Men måste säga att det faktiskt inte hände alltför ofta, var noga med att för det mesta komma i väg i god tid, det fick bära eller brista men i tid måste jag bara åka i väg. Bilen måste vara packad med korgarbeten både i bagageluckan och i baksätet och även lite i framsätet bredvid mig. En och annan gång hade jag fått tag i så mycket korgar att jag blev tvungen att lasta en del även på taket.

Sen måste jag hinna till butiken och lasta av, men om jag var sen fick det vara till nästa dag.

MÖTET MED MANGUSTHU BUTHELEZI
På vägen upp till en liten mission för afrikanska nunnor som drev en skola och en lite vårdklinik. Där hade Buthelezi sina 2

skolpojkar boende på skolan. Åkte lite då och då upp dit när dom hade något att sälja.

På en resa jag gjorde upp dit mötte jag honom för första gången med 2 av sina livvakter i sällskap. Fick en nära relation och mycket hjälp och värdefulla goda råd från honom i det arbete jag gjorde och en del zuluisk historia. Han representerade zuluerna i den vita regeringen.

Det hör till saken att han var av kunglig börd i den Zuluiska folkstammen. En mycket viktig person med massor av karisma och intelligens. Det var jätteroligt att få stanna upp och få prata med honom.

Vi möttes ett antal gånger på mina resor och ibland stannade vi upp och samtalade en stund och andra gånger bara vinkade vi till varann.

HEMMA OFÖRUTSEDDA HÄNDELSER

En dag uppstod ett nytt problem att ta itu med. Efter en lång och tröttsam resa hade jag köpt en afrikansk blomma man kan köpa även i en svensk blomsterhandel. Den ser ut som en lång storknäbb i starkt gul färg. Den producerar en sorts söt och klibbig vätska som stod i en vas på den låga bokhyllan i mitt hus.

En lång kö, av myror promenerade upp genom en liten golvspringa en efter en efter varann upp på bokhyllan och längsefter blomstjälken in i blomman och sög in sig den söta vätskan. Var tvungen att tillkalla en firma som kunde sanera huset från myrorna som hade inrättat sin, bostad under husets golvplankor. Av den lärdomen köpte jag aldrig mer den blomman, men den är majestätiskt vacker.

MIN KATT SOTIS

Hon var en mycket fri katt, stolt och majestätisk som för det mesta fick vara ensam. Men jag hade anställt en zuluisk flicka som fick det mesta av mina kläder strax innan jag skulle åka hem. Jag såg också till att få henne till en skola med en hushållsutbildning av en svensk lärare. Jag betalade utbildningen så att hon senare när jag hade åkt hem skulle kunna få ett bra jobb. Förhoppningsvis hos en familj där hon kunde få bra betalt eftersom hon skulle ha en bra utbildning i botten. Hörde senare av Kjell när han hade varit där, att det gått mycket bra för henne.

Sotis var en otroligt bra jägare som hittade en del under husgolvet. Det fanns bara golvplankorna, och under golvet fanns inget annat än ett luftutrymme. Kattor är av naturen jägare och hon fick verkligen leva ut sin naturliga natur och talang.

Sotis hade hittat ett litet kryphål att komma in där och hittade små grodor och små ormar och ödlor hon kunde ha ihjäl. Hon drog upp dom och samlade i en liten hög utanför min köksdörr. Hon var mycket stolt och visade upp högen för mig när jag kom hem. Men jag måste ju gräva ner hennes lilla stolthet inte bara en gång utan alla andra gånger. Jag var ändå mycket tacksam att hon höll dessa obehagliga varelser under kontroll strax under mitt golv, som kunde ha tagit sig in i huset. Det hände nu aldrig eftersom Sotis såg till att det aldrig hände. Men nu var ju även myrorna borta.

EN FÖRSKRÄCKLIG UPPTÄCKT

Jag hade varit på resa i 2 dagar. Under tiden hade det varit ganska mycket regn och jag hade glömt garderobsdörren på glänt. När jag kom hem kände jag en äcklig doft komma emot mig. Mitt lilla hembiträde hade inte behövt jobba mer än att se till att Sotis fick mat varje dag vilket hon också gjorde.

När jag tittade in i garderoben var vartendaste plagg helt grönmögelfärgat och stanken var obeskrivlig. Det var inte bara stanken utan synen av totalt grönmögelfärgade kläder som såg spöklika ut.

Fick hjälp av hembiträdet att bara gräva ner alltsammans. Att tvätta allt hade ändå inte gått att få nånting rent. Nu hade jag igen, i vilken gång i ordningen förlorat mina kläder. Hade bara det jag gick och stod i. Måste både sy nya kläder och köpa en del när jag hade ledigt och kunde åka ner till Durban under min lediga tid. Hade ju bokstavligen förlorat vartendaste klädesplagg och alla mina skor. Hade vid det tillfället endast det jag gick och stod i. Men det var ju inte första gången jag hade förlorat allt, det kunde jag leva med. Inget problem som inte kunde lösas var mitt mantra och har nästan alltid varit så. Att sätta sig ned och gråta i förtvivlan är bara inte att ens att fundera över. Bättre då att bara blockera tankarna kring eländet och lösa problemet senare. En dyr men viktig läxa att lära mig att hantera.

MINA KVÄLLAR HEMMA

Ibland satte jag mig utanför huset på förstubron med Sotis bredvid mig och ibland i mitt knä, drack lite te eller kaffe och åt nåt gott till. Kunde lyssna till ljudet av cikadornas hissande, afrikanernas kvällsdanser bara någon kilometer bort då man åkallade andarna med ett starkt trummande och starka rop från afrikanerna som blev än mera starka ju längre tid som danserna hölls i gång. Den tropiska natthimlen svämmade över av starkt lysande stjärnor som fick atmosfären att kännas ödesmättad med alla ljuden.

Åskvädren hade dragit bort och doften av vått gräs och löven från träden droppade och gav intensiva dofter ifrån sig.

Ibland kom min husgranne på besök vid sådana kvällar.

En gång frågade han om han kunde hjälpa mig med nåt eller förskaffa mediciner jag eventuellt behövde. Han var läkare på Eshowe lokala sjukhus där jag fick läggas in.

Det var en gång då jag hade blivit biten av något djur som lyckats krypa innanför skinnet på högra låret och fick en svår svullnad som både sved och gjorde ont. Fick veta att han var en av delägarna till sjukhuset och var i positionen av att kunna ta egna beslut i vad det än vara månde.

Vi blev allteftersom goda vänner och med tiden tog han mod till sig och berättade att han blivit kär i mig och frågade om jag ville gifta mig med honom. Men jag hade tyvärr inte några känslor av den sorten att besvara honom med och måste tacka nej. Om jag hade gjort det hade jag blivit kvar i Eshowe och det var nog inte vad jag drömde om. Var not inte speciellt motiverad att stanna i Sydafrika, jag ville nog ändå åka hem när jag var klar.

Det var ju egentligen inget fel med honom, han var rätt så attraktiv och jag såg honom som en vän och tror nog jag utnyttjade hans vilja att hjälpa mig vid olika tillfällen vilket han var mycket glad att få göra. Jag hade mina skäl till det.

Han såg också till att jag inte behövde betala för min sjukvård och fick ligga i enskilt rum på sjukhuset. Men helt säkert är att jag aldrig har ångrat mitt nej.

TRÄFFADE IBLAND INTRESSANTA MÄNNISKOR

Jag blev ibland inbjuden till zuluiska bekanta jag kom i kontakt med under den senare delen av min kontraktstid. En gång skulle man ha en traditionell grillfest av kyckling och andra djur man grillat. Jag hade inte den blekaste aning om vilka djur det var.

Jag var mycket artig och åt allt kött som grillats och lagts på tidningspapper på marken när den skulle ätas med fingrarna. Av tradition gör man så och man berättade för mig om den och hur man gör kring dessa fester.

Då frågade jag aldrig vilka djur det var, men det som var kyckling kunde jag känna igen och strukturen på köttet. Vid ett senare tillfälle frågade jag som lite av en tillfällighet vad för sorts djur man hade grillat och bjudit mig på.

Dom svarade att dom hade blivit glada men också förvånade över att jag åt lite av allt och aldrig frågade vad det var. Fick då veta att det var delar av en del lokala apor som finns mängder av i Eshowe. Det var ju gratis mat. Men också av en katt dom ville bli av med.

Jag var tacksam att jag inte hade frågat under festen och kunde äta utan att visa några negativa känslor inför middagens fest.

Dom var mycket glada och hedrade över att jag hade tackat ja till inbjudan och kommit trotts risken att bli upptäckt som vit person i Bantustan. Dom hade ju hjälpt mig dit så att jag inte skulle bli upptäckt, för dom var det en stor ansträngning och förberedelser för min skull.

Jag var faktiskt glad och kände mig hedrad att dom hade velat bjuda mig, en vit svensk kvinna. Det betydde ju ganska mycket för dom mer än jag hade förstått förrän långt efteråt, men betydelsen för mig var absolut och obegränsat värdefull.

Dom ville jag skulle berätta om Sverige och från mina hemtrakter och hur det kom sig att jag var där hos dom. Jag kunde berätta att jag inte fick det jobb jag var tänkt att göra och blev bjuden att jobba med Kjell Löfrot i stället för att åka hem. Dom tyckte jag var mer än modig och efter den festen fick jag vänner för livet som också var stort stöd för mig i mitt arbete tiden jag hade kvar.

ETT TROPISKT OVÄDER

Jag upplevde tropiska regnväder som helt osannolikt gräsliga ibland. Vid ett tillfälle jag var ledig och beslutade jag att åka ner till Durban. Skulle bo på Svenskbo bara för att också träffa lite nya människor och kanske också njuta av utsikten uppe på höjden av Durban. Stan är starkt sluttande emot en bergvägg och gör hela utsikten mycket attraktiv.

Svenskbo sågs nästan som ett inneställe i Durban för européer, litet men mycket trevligt, med svensk standard och god mat. Även ett garageutrymme fanns för 3 bilar.

Man kan se ner till hamnen alla handelsfartyg stå på kö för att komma in, ankra och lasta av sina varor som senare skulle köras vidare in i Sydafrika med biltransporter till alla mottagare.

Även det lokala svarta tuff tuff tåget som passerade Eshowe lastade av och på varor och bagage. Bara det var ett trevligt äventyr att kunna se allt detta framför sig som i en film. Backen upp till Svenskbo från strandpromenaden är rätt så sluttande uppför. Det krävdes en hel del styrka och god motion att klara av en sån promenad. Svenskbo har en fin veranda där man sitter och ser allt detta. Samtidigt kommer fladdermössen och sveper tätt förbi som ett osynligt spöke i kvällsmörkret utan att knappt synas eller höras när dom byter plats i träden omkring. Men ibland kunde man känna vinddraget av deras vingar när dom svepte helt nära huvudet, och det kändes lite spökligt.

På nerresan i min lilla bil började en fullständigt svart himmel att torna upp sig. Biltrafiken var rätt så tät och då brakar himlen loss med världens åskväder och regnskurar av värsta tänkbara regnmängd. Alla bilar och även jag hade parkerat på sidan om motorvägen ner till Durban. Jag var så rädd att jag kröp ihop ner på golvet och ville inte se, men oljudet var så totalt öronbedövande när det slog emot biltaket.

Då var jag nog ganska orolig för om detta kunde skada lacken ännu er. Som om inte det var nog, kommer en hel hagelstorm som avlöste regnandet. Det ljudet är bara helt obeskrivligt, man borde ha öronproppar. Haglen var nästan stora som snöbollar man kramat i handen och hårda som is. Det lät som om man kastat sten på bilen.

Inte en endaste bil var i rörelse. Alla bara väntade på att det värsta skulle vara över. Men ett tropiskt oväder går inte över inom en timme utan denna gång i nästan 2 timmar. När sådant händer känner man sig väldigt liten och totalt oskyddad. Men som av ett under slutar ovädret helt tvärt, himlen lyser upp och allt kändes som om inget hade hänt. Men bedövningen inombords släppte inte på ett långt tag, alla bilar körde betydligt långsammare efter en gemensam chockupplevelse. Vi vinkade åt varandra när vi körde om någon. Regnet stannade kvar en stund på motorvägen och skvalpade under däcken. Nåt annat val fanns inte än att dämpa hastigheten och trafiken bara flöt fram, långsamt även om det var en motorväg. Ser översvämningar överallt. Eftersom Svenskbo ligger på en höjd fanns inget vatten kvar, det mesta hade runnit ner till stan och där simmade allt i vatten. Kan förstå hur detta kan kännas idag när jag ser översvämningar i andra länder där gatorna är fyllda som små floder.

NÄRAUPPLEVELSE AV KROKODIL

Jag hade varit på besök i en by med min zuluiska sjuksköterska till en liten enkel vårdcentral. Vi var trötta på hemvägen och beslutade att rasta en stund på vägen ner mot havsstranden. Vägen ner mot stranden delade sig i 2, den högra ledde mot havsstranden där jag och Bertha med barnen hade badat några gånger. Det var inte så långt kvar till Eshowe.

Men beslutade att ta den andra vägen till lagunen som skylten visade, hade aldrig varit där och ordet lagun gav mig en inre vision av någonting lugnt och vackert jag sett på film. Det skulle bli en perfekt vilopaus tänkte vi.

När vi kom ner visade sig en väldig klippvägg rakt upp på högra sidan av lagunen. Över vattnet hängde trädens små lövverk som fina lianer och en djungellik skog på omgivningen runt om vattnet. Det var bedövande vackert och helt stilla. Hon som följde med mig ville sitta kvar i bilen och satte sig i baksätet för att vila, medan jag bestämde mig för att gå ut och ta en liten promenad.

Jag gick åt höger där jag möttes av tjocka trästockar som låg på tvären ner mot vattnet och på den första stocken hade en katt lagt sig ner. Jag gick emot henne och strök henne över ryggen.

Då lyfter jag blicken och upptäcker att alla stockar inte var stockar utan vilande krokodiler med öppna gap för att sänka kroppstemperaturen. Dom låg där totalt orörliga med exakt samma färg som stockarna. Det kan inte ha varit många meter ifrån där jag stod.

Ser också mot vattnet som kryllar av krokodiler som låg stilla och flöt vid vattenytan. Jag säger till katten att nu lämnar jag nog dig att bli krokodilernas middag, jag vill inte bli förvandlad till en middag.

Hon som satt kvar i bilen hade sett en skylt som jag missade att...beware of crocodile. Hon blev vettskrämd och försökte knacka på bilrutan och visa på skylten. Men jag varken såg eller hörde hennes förtvivlade försök att få mig att höra hennes knackningar.

Det var inte bara de. När jag kom tillbaka till bilen hade just 2 fångvaktare kommit med fångar i gräsliga kläder för att städa upp stranden runt lagunen, min väninna var ju afrikan och jag vit och hade denna svarta kvinna med i min bil vilket var otillåtet.

Hon hade krupit ner på golvet i baksätet, var så skräckslagen att hon nästan hade bytt hudfärg från mörkbrunt till vit hud. Hon kunde nästan inte andas. Hon var livrädd för min situation och för fångvaktarna att dom skulle upptäcka henne sittande i bilen som svart kvinna i en vit kvinnas bil.

Jag vände bilen och körde därifrån. Stannade upp när vi kommit utom synhåll för fångvaktarna. Hon försökte hämta andan och sättas sig intill mig i framsätet och berättade om skylten som hade fått henne att försöka få min uppmärksamhet på den. Jag sa till henne att jag såg krokodilerna, ingen fara.

Vi körde in på vägen mot havsstranden för att lugna ner oss och hon kunde gå ut och sträcka på benen med mig. Där fanns inte en människa som störde oss. Vad vi upptäckte där var att små hajungar hade flutit i land och dött där, vi plockade upp dom och skrattade gott medan vi slängde tillbaka dom i havet. Nu hade vi vilat och lugnat ner oss, så nu kunde vi åka hem igen.

Kan lova att den dagen hade jag verkligen tröttat ut mig ordentligt. Ännu en minnesvärd dag för mig att komma ihåg resten av mitt liv. Jag älskar djur men tycker nog inte att krokodiler är särskilt kärvänliga eller ens vackra men verkligen imponerande och intressanta. Man säger att dom är en kvarleva från lång historisk tid.

EN ANNAN KROKODILUPPLEVESE
Fick en chans vid ett annat tillfälle att se krokodiler i sitt rätta vatten. Man hade gjort i ordning en utsiktspost man kunde gå till intill ett vattendrag där det fanns gott om krokodiler. Tillsammans med Kjell, Bertha och barnen åkte vi dit.

Vägen in mot utkiken hade marken täckts med träflis som dämpade ljudet när man gick där och gräsväggar på båda sidorna man gick igenom som en korridor in mot utkiken. Information på väggen manade besökarna till absolut tystnad. Det var tillåtet att fotografera men att man måste upphöra om man ser att djuren blir störda. Detta var djurens eget revir.

Vi hade fått information om att en stor jord av Gnuer var på väg emot vattnet för att dricka. Har sett detta på TV men här var allt på riktigt. Dom ger ifrån sig ett ganska högt brölande och det torra dammet stod som ett moln runt gnuerna när dom närmade sig vattnet. Dom uppträder nästan i panik när dom känner doften av vatten och att så fort som möjligt få dricka. Djuren har vandrat långa sträckor utan vatten och nu var paniken total.

Gudarna ska veta att krokodiler ser ut att vara riktigt klumpiga djur men kan verkligen röra sig i världens hastighet. Men det märktes att dom gnuer som gick i täten var mera avvaktande och var medveten om Krokodilerna av tidigare upplevelser. Det som nu händer sker så blixtsnabbt att man nästan inte hinner uppfatta det innan det händer.

En av dom första gnuerna hamnar i gapet på en närliggande krokodil, men den lyckades lösgöra sig med ett enormt brölande och dom främsta backar emot alla dom bakomvarande täta gnukropparna som spärrade vägen. Men ett annat djur hamnade i gapet på en annan krokodil som gör sin dödsrullning medan djuret brölar i förtvivlan. När man kvävt djuret blir tystnaden öronbedövande. Det dränks under dödsrullningen och döden har inträffat.

Paniken bland djuren i hjorden gjorde att en del blev nedtrampade och skadade av hårda klövar och några vågade sig ändå ner mot vattnet av behovet att kanske ändå få i sig lite vatten. Den här synen och alla ljuden var en sån upplevelse att jag upplevde min kropp som om den hade lämnat mig. Att se och uppleva denna händelse i verkligheten är nåt helt annat än det som visas i TV. Djurens storlek och dofterna av det flygande dammet som träffade våra ansikten går inte att beskriva. Dramatiken är ännu inte över. Det är imponerande att se hur den enorma hjorden drar sig tillbaka och dammet svävade runt djuren och ökade det dramatiska intrycket. Det jag upplevde mest var allt var detta brölande från hjorden som var så starkt, nästan öronbedövande.

EN TREVLIG BEKANTSKAP

Kjell och Bertha var bekanta med den katolska missionsstationen, vilken jag totalt glömt var den låg. Fick veta att dom odlar ganska mycket av den vita majsen som är lite för känslig att exportera men mycket god och näringsrik. Dom säljer den för att få lite inkomster till missionen. Vi beslutade en dag att åka dit och köpa lite majskolvar.

Det var en mycket trevlig bekantskap. Det som fick mig att undra lite, var varför det bara var män, munkar och inte en endaste kvinna där. Frågade aldrig varför. Ville inte verka dum eller för nyfiken. Dom visade sig vara mycket trevliga och gästvänliga. Bjöd oss på mat och dryck. Sedan visades vi runt på deras mission i mitt tycke väldigt katolskt men vackert och välvårdat. Vi avslutade besöket i majsodlingen där vi fick plocka på oss så mycket kolvar vi ville ha och orkade bära. Vi fick inte betala dom.

Under måltiden frågade dom mig en hel del om mitt jobb och hur jag upplevde tiden i Sydafrika. Dom frågade även om mitt liv i Sverige och vad som hade fått mig att åka dit. Det visade sig också att en av dessa munkar hade en gång besökt den katolska församlingen i Stockholm.

Väl hemma igen kokade jag en majskolv för att smaka, och det var godare än jag hade föreställt mig. Åt med lite salt och kokta morötter. Blev helt mätt på bara en kolv. Lite synd att vi inte kan få den sortens majskolvar till Sverige, tycker nog att dom är

mycket godare i smaken än den mera gulfärgade majsen vi har i
Sverige.

OM STORA BRÄNDER

En gång hade jag ett ärende till Biskopen och körde dit. Jag fick
övernatta hos Linda som var amerikan och Biskopens
sekreterare. Vi blev mycket goda vänner och hade mycket roligt
tillsammans. Biskopen hade inte bara ett kontor utan även på
mindre orten där han kunde stanna över när behovet fanns.

Hon hade ett litet hus en bit upp på en liten höjd från Biskopens
bostad och kontor. Hon hade både en liten hund och en katt
som jag alltid visade mycket uppmärksamhet till när jag var där.
Vi gillade också varann och dom kände igen mig varje gång jag
kom på besök.

Den dagen när detta hände, hade jag parkerat bilen bakom
Lindas hus som är omgiven av ganska mycket träd och risiga
buskar som hon hade rensat bort det mesta som växte intill
huset, för nära huset tyckte hon.

Vi var ute på gården en stund och märker snart hur en mycket
bred brand över gräskullarna närmade sig ca 1 km bort som
man kunde se från Lindas hus. Man brukade ibland bränna
gräsmarkerna för att få bättre gröda och som jag vet var det
faktiskt så att det brukade växa bättre efter att man bränt
gräsytan. Det torra gräset brann mycket snabbt och spreds sig
med värdens fart. Det oroväckande var att den branden såg ut
att börja närma sig Lindas hus. Vi började hugga bort buskar
och klippa ner gräs till rötterna och vattnade för att hindra att
den skulle komma för nära huset.

Min bil kunde jag inte flytta till någon mer skyddad plats den fick bara stå där den stod. Hade en stor väska som jag satte ner katten och hunden i när branden kommit närmare. Röken vällde över oss och det började komma allt närmare. Katten och hunden förstod faran och satt snällt kvar i väskan.

Men så hände nåt totalt oväntat som räddade allt.

Det började helt enkelt att regna. Helt osannolikt eftersom regntiden inte hade börjat. Det var snart tid för den att komma över oss. Gud så skönt, där stod vi och lät det svala regnet ösa över oss. En gudomlig känsla.

Vi var både trötta och svettiga av att röja runt huset. Till och med katten och hunden ville ut från väskan och ställde sig lugnt bredvid väskan och lät regnet ösa ner över dom och oss. Vi bara gapskrattade. Sen åt vi lite gott för att fira regnet. Jag sov över till nästa dag och katten och hunden ville ligga intill mig i sängen.

Jag kunde äta frukosten utanför huset med Linda och djuren innan jag skulle åka hem igen. Hade ju ett par timmars hemresa framför mig och Linda hade ordnat en matsäck med dricka att ha på hemvägen.

UTANFÖR ESHOWES STADSGRÄNS
Vi hade en stor zebrahjord inom ett större begränsat område strax utanför Eshowes stadsgräns som stannat mera permanent. Det var ett populärt söndagsnöje för folk att åka dit och stå emot staketet som hindrade hjorden att komma ut på den trafikerade bilvägen in emot Eshowe. Innan det staketet hade blivit uppsatt skedde de många dödsolyckor för zebror och människor. Det hör till saken att området var väldigt stort och staketet var därför mycket långt, tog lång tid att sätta upp, men efter det skedda aldrig en endaste olycka.

INNAN JAG FLYTTADE FRÅN LÄGENHETEN
Ute på gården hade vi massor av små apor med långa svansar som sprang omkring och åt upp grönsaker och rotfrukter som

folk odlade intill husen. Dom var mest irriterande men eftersom dom var så många så var det ingen nytta att döda dom. Det fanns ju ännu mer och dom fyllde ut tomrummen efter dom som dödats. Dom förökade sig lika fort som kaniner. Ibland hände det också att en och annan liten apa hittat vägen in i vårat affärshus. Då blev det till att springa runt och jaga runt med käppar för att få ut den hur huset som visade sig inte vara så lätt. Dom var aldrig rädda för nånting men mycket irriterande och oväsendet en sån apa kunde skrika. Det skriken kunde vara näst intill öronbedövande.

Ett annat tillfälle hade vi besök av en husägare som ofta besökte Kjell och Bertha när jag var där och berättade att han varit tvungen att klippa häcken runt huset som börjat växa sig för högt. Han hade en rejäl häcksax som var praktisk att klara av dom sega häckbuskarna med.

Den dagen kom han för att varna oss för orm i området. Han hade inte ens märkt en orm som fanns i hans häck och råkade klippa av den på mitten. Eftersom den var lika seg som häcken märkte han inte det inträffade förrän han slutade att klippa och såg den avklippta ormen på marken ligga där i 2 delar.

Vi berättade att vi hade haft ormbesök inne i våran butik. Vi hade ett tätt busksnår alldeles intill husets baksida där både ormar och apor härjade av och till. Eftersom ormarna som fanns där inte var av dom största arterna gick det lätt att slå av dom med en yxa eller en vass spade vi hade i affären.

En gång på morgonen när vi kom dit välte en av korgarna där en orm hade övernattade som ville ta sig ut. Det kan väl sägas att gud vare lov hände inte detta varje dag men lite av och till.

Varje dag när vi kom dit kollade vi igenom dom korgar vi hade om där fanns någon övernattande orm.

En annan händelse när jag ännu bodde kvar i lägenheten inne i Eshowe skedde under tiden när gräshopporna svärmade. Hela baksidan av huset som vetter mot gatan var heltäckt intill varje cm av gröna gräshoppor som hade landat under flygvägen. Det var under sådana tillfällen när dom landade i odlade fält som dom åt upp hela skörden.

Som tur var hade jag inte fönstret öppet mot den sidan, annars hade jag nog haft gräshoppor inne i lägenheten också. Men någon gång ska man väl ha lite tur också och inte vara så olycklig som när alla mina kläder hade blivit täckta av grönt mögel. Hur länge gräshopporna stannade på väggen kommer jag inte ihåg innan det var dags för dom att flyga vidare. Men jag minns hur det lät när dom alla drog i väg. Det var ett frasande ljud som var ganska så starkt och man missade inte avfärden eller sörjde den. Ingen vinkade adjö. På flygvägen rensade dom totalt bort allt i alla små grönsaksland som folk hade planterat. Inte ens ett litet grönt bland fanns kvar och alla pratade i veckor om denna eländiga händelse. Detta hända bara en gång under den 3-årsperiod jag var i Sydafrika. Fick veta att det var ytterst sällan detta hände.

HLU HLUWE NATIONALPARK
Ibland när jag är ute och kör så händer det att nåt oväntat inträffar. Någon gång händer just det där som man sedan aldrig glömmer där min kunskap och min förmåga till sinnesnärvaro hur jag ska agera räddade livet på mig.

Helt oväntat när jag kör uppför en liten backe måste jag bara stanna, slå av motorn och vänta. Där på vägen stod en noshörning på tvären och blockerade hela vägen. Bra att veta är att noshörningar ser mycket dåligt men dom har ett perfekt luktsinne. Dom känner av den minsta doft allt annat som dom uppfattar som fientligt och dit hör människan. Det kan ha varit ca 50 meter bort mellan honom och mig. Att ha bråttom och att försöka få bort honom från vägen är inte att tänka på.

Den hade helt enkelt bestämt sig för att stå där så länge den hade lust och det var just precis vad den gjorde. Vad den gjorde där och varför så länge som jag upplevde det kan jag aldrig veta. Vem kan veta vad en noshörning tänker och har för avsikt att göra. Det är ju inte heller särskilt vanligt att noshörningar ställer sig på en trafikerad väg utan syns mera bland buskar ute i naturen och inte så ofta lätta att upptäcka p g a den grå färgen som fungerar väl som ett kamouflage. Olyckligtvis hade jag ingen kamera vid det tillfället. Nå, men tiden gick och p g a att jag hade vinden emot mig, som kom från noshörningens håll kunde den inte känna av min närvaro. Om det hade varit tvärt om skulle jag nog ha kunnat hälsa hem och begravas nästa dag.

Jag stod ju egentligen alltför hotande när för honom. Såg att den på något sätt anade min närvaro men den kände ingen doft och gjorde därför ingen ansats att gå emot mig. Jag stack ut handen genom sidorutan för att känna var vinddraget gick och kände att det kom emot mig. Det hade Kjell lärt mig att göra.

Det är också bra att veta vid andra möten med vilda djur att vinden för med sig dofter som kan varna vilda djur för annalkande faror. Det ger ett jagat djur chansen att fly i tid.

Massor tid jag hade förlorat men ursäktad för min försening eftersom detta excellenta djur dröjde ett bra tag innan den till slut behagade att lämna vägen i sitt majestätiska lugna mak.

Giraffer är mycket trevliga och helt ofarliga. Dom attackerar aldrig andra djur eller människor. På grund av deras höga mankhöjd och halsen som når till dom högsta topparna i ett träd kan dom lättare fly från ett annat djur som jagar dom. En bakåtspark kan skada ett lejon så illa att det kan dö och är därför försiktiga när dom jagar giraffer.

Under en resa hade jag beslutat att ta en genväg genom ett gräsområde. Sikten var skymd där jag vek av vägen för att korta ner körtiden. Då hamnade jag helt oförhappandes mitt i en giraffhjord. Jag kunde räkna dom till att var 14 stycken. Det är mycket ovanligt att så många giraffer samlas på en och samma plats.

Men jag hade inget annat att göra än att stanna bilen.

En modig giraff böjde sig ner mot framrutan för att se in på mig och undrade säkert vad är detta. Den slickade lite förnöjsamt på framrutan som blev kladdig och jag fick sätta igång att rengöra den för att kunna se något överhuvud taget. Men det var inget jag kunde göra i den stunden. Girafferna lunkade vidare och jag kunde rengöra rutan och köra dit jag skulle. Detta var verkligen en mycket trevlig och imponerande upplevelse. Man kunde tro att så stora djur kunde vara aggressiva, men det är dom inte. Tyvärr är dom offer för andra köttätande djur just på grund av sin timida karaktär. När man möter dom i verkligheten slås man av hur otroligt höga och stora dom är. Kunde nästan ha kört min lilla Volkswagen under benen och magen på en fullvuxen giraff. Men det gjorde jag nu inte. Så snart hjorden lämnade området kunde jag köra vidare. Mötet var kort men intressant och spännande, dessutom tycker jag att dom är vackra. Det jag har hört och förstått är att just flodhästar skulle vara nästan farligare än krokodiler. Det kan man lätt tro när man möter dom levandes. Deras käftar är enormt stora och breda. Dom jag såg var i ett inhägnat område och det varnades starkt för att inte gå över det. Dom såg ut att ligga och gona sig lugnt och behagligt i vattnet strax över vattenytan och frustade till ibland med ett rejält oljud samtidigt som vattnet i deras munnar sprutade ut som fontäner. Även krokodilerna är rädda för flodhästarna som inte har några som helst fiender. Och, dom lider ganska mycket under torktiden då vattenförråden torkar ut och endast leran och gyttjan är det enda som är kvar som dom kletar ner sig med för att inte torka ut i huden. Kroppshyddan är enorm och man kunde tänka sig att dom inte kan springa särskilt fort, men det kan dom. Det är förvånande smidiga och kan springa fort som bara den när dom behöver det. Mänskliga mått gäller inte här. Besökte en plats högt på ett berg där det gick en promenadväg högst uppe på bergåsen där man kunde gå och se ner på träden där pytonormar hängde i mängder. Dom föddes upp av 2 orsaker. Dels att placeras ut i naturområden där den höll rent från skadliga djur som den äter och den andra orsaken var att slakta dom och sälja det behandlade skinnen till väskor och skor i en butik som fanns i området. Jag köpte ett helt skinn och gjorde en klatsch och den smala änden blev den som stängde väskan med en ögla på framsidan. Har visst inte kvar den väskan. Har glömt vad jag har gjort med den.

TIDEN GICK OCH JAG MED DEN

Min kontraktstid hade krympt och jag hade väl ca 3 månader kvar innan det var dags för mig att åka hem. Det mesta av mina projekt var nu avslutade och fungerade på egen hand bland dom människor jag hade hjälpt. Beslutade att åka runt och kolla upp hur det går och hur man klarade av sina uppgifter.

Jag var mycket glad att återse dessa människor i arbetet med försäljningen i dom små roundavels där försäljningen gick alldeles utmärkt och dom flesta barnen gick i skolan. Jag kände mig stolt över mig själv att något gott hade jag ändå åstadkommit under den här tiden trotts att jag fick en helt annan mission att uppfylla än den som var tänkt för mig att göra. Att säga adjö och önska dom allt gott för framtiden var en tårdrypande ceremoni jag helst hade varit utan men det måste göras.

Besökte min lilla zuluflickas hushållsskolan som det gick bra för. Dom hälsade mitt besök med en lite dans som även jag kunde delta i. Dom hade fina blå klänningar som var ett signum över den skola och utbildning dom fått med skrivna betyg som skulle visas upp när dom senare skulle söka jobb i något vitt hushåll. Vid mitt sista besök hade jag med mig en liten resväska med kläder jag gav till henne eftersom det mesta av kläder jag hade under tiden i Sydafrika inte precis var lämpade att ha med till Sverige. Hade ju sytt upp en ny lite garderob efter att alla mina kläder möglades till total förstörelse.

ETT SISTA BESÖK PÅ SVENSKBO

Jag åkte till Svensk Bo bara ett par månader innan jag skulle åka hem för att roa mig lite. Lite jobb fanns ännu kvar att avsluta. Jag hade ändå bra med tid att vara lite mera för mig själv. Ville uppleva Durban och köpa lite kläder om det nu fanns nåt jag ville ha. Hade ju inte speciellt mycket kläder kvar. Det mesta hade ju möglat bort och en del hade jag gett bort. Resten jag fick med mig rymdes bara i en liten resväska.

På Svensk Bo fanns det besökare från Sydväst Afrika och några av dem hade jag träffat förut. Men denna gång fanns där 1 person jag tidigare sett med sällskap av en engelsk läkare som jag bara träffat en gång tidigare. Han var mycket trevlig och vid några tillfällen hade han bjudit ut mig på restaurang.

Denne läkare bjöd ut mig denna gång att äta på en revolving restaurang som den kallades för i Durban. Längst upp på toppen dit man åkte upp med en hiss gled hela restaurangen runt i ca 1 timme medan man satt och åt och kunde då se hela Durban runt om. En fascinerande utsikt helt nära hamnen och resten av stan i kvällsljuset. Den här tiden var visst vad jag vet en revolving restaurang någonting helt nytt, men nu finns det såna restauranger lite varstans runt om i världen.

Jag tackade ja eftersom jag hade med en smal svart aftonklänning med tunna axelband, kunde jag nu använda till detta tillfälle. Kan inte klaga på min figur jag var ju ung och hade ännu inte lagt på hullet.

Denne man var både trevlig och pratglad, lätt att umgås med. Dessutom hade han en gång varit på besök i Sverige och visste lite om mitt hemland. Att jag var från norra Sverige såg han som exotiskt.

I min naiva attityd hade jag ingen tanke på eller undran över varför han bjöd ut just mig. Han hade en mycket speciell orsak till det. När vi hade ätit klart förklarade han varför han hade bjudit mig. Så säger han att han blivit förälskad i mig och bokstavligen tog fram en ring och friade till mig. I det ögonblicket hade jag önskat att jag hade anat nåt och varit mera förberedd men det var jag nu inte. Hade ju blivit uppvaktad av läkaren i Eshowe ca ett halvår tidigare och nu kom den andra chansen.

Förutsättningarna var ju lite bättre denna gång men jag hade ju inte den tillstymmelse till känslor av den arten till honom heller. Efter en krampaktig blackout kunde jag så fint som jag kunde, erkänna att jag trivdes i hans sällskap men hade ingen kärlek av den sorten för honom.

För att inte gå in på mera detaljer blev vi ändå goda vänner och hade senare under en viss tid kontakt med varandra när han var tillbaka i England och jag hemma i Sverige. Vi träffades aldrig mera och med tiden dog också kontakten ut mellan oss.

SISTA MÖTET MED ÄRKEBISKOPEN
Bara några dagar innan återresan hem var jag bjuden upp till Biskopens kontor och vi talades vid om den tiden som hade gått och vad jag hade åstadkommit.

Han erkände att när jag stod i samma rum som vi satt i nu hade jag fått veta att inget jobb fanns och att det löste sig på det sätt det sen gjorde erkände han att han kände sig rent ut skräckslagen. Han hade funderat över hur jag över huvud taget skulle klara av att göra jobbet med Kjell och Bertha men han hade inget annat val än att acceptera.

 Men nu stod vi där och resultatet av dom 3 år jag hade stannat och gjort en hel del som han aldrig hade ens drömt hade blivit bättre än han ens kunde ha föreställt sig och gratulerade mig till allt detta. Han gav mig ett litet diplom som satt i en fin lite ram han gav mig som en personlig uppskattning för mitt arbete jag gjort i Kwa Sulu.

MÅSTE PACKA I ESHOWE
Avskedsfesten i Bantustan i Eshowe bland prästerna i Eshowe gick av stapeln. Uppträdanden av traditionella zuluiska danser klädda i päls från huvudet och nere vid benen med trummande musik var mer än imponerande. Alla dom ljuden man stöter ut hållande i varandras överarmar är mäktiga och oförglömliga. Mer afrikanskt kan det inte uppvisas än så. Varje gång jag därefter sett en glimt av dessa zuluiska danser på TV är jag där.

Jag insåg att jag faktiskt hade skapat av band och relationer till flera av dessa människor. Dom har aldrig någonsin lämnat mina tankar och minnen.

Även jag vågade mig på att delta i några danser som verkligen uppskattades. Har väl nog aldrig skrattat så mycket under hela mitt nästkommande liv som den gången. Maten var riklig och lagad över öppen eld. Men nu med bara kyckling av hänsyn till min känsliga mage. Apkött och annat udda i matväg hade man uteslutit men massor av grönsaker av olika sorter. En del hade även lite extra god dricka som gjorde mig lite yr. Vad det nu kunde innehålla brydde jag mig inte om. Men gott var det.

Kjell och Bertha fick aldrig veta om att denna avskedsfest hade ägt rum. Dom ville inte såra dom eftersom afrikanerna hade i mångt och mycket tagit mitt parti och stöttat mig i min egen mission, som jag kunde genomföra endast genom deras hjälp och stöd utan Kjells inblandning. Men Kjell och Bertha var ju ändå dom som erbjöd mig att stanna när jag stod där hos Biskopen utan det jobb jag var ämnat att göra. Tack vare dom kunde jag göra allt det jag gjorde och är dom för evigt tacksam. I skrivandes stund finns inte Kjell och Bertha kvar i livet.

TIDEN KVAR ATT GÖRA

Packade mina två träboxar som skulle transporteras till Durbans hamn och skickas hem med en norsk båt. Det var nåt jag klarade av helt själv. Men kunde inte köra ner dom med min egen lilla bil eftersom den var för liten. Det blev Kjells uppgift att köra ner dom. Han hjälpte mig nere i hamnen, betalade fraktavgiften och kunde se dom lastas till det hamnområdet där båten skulle ankra. Mina känslor var rätt så turbulenta.

Åkte tillbaka till Eshowe några dagar till. Träffade läkaren på sjukhuset som bjöd mig på en avskedsmiddag och avskedet blev känslosamt. Han hjälpte mig att få ordning på huset där jag lämnade kvar dom möbler jag hade köpt och städade upp allt efter mig. Jag lämnade tillbaka nycklarna till hyresvärden som också dom bjöd på en avskedsdrink.

I våran butik hade jag köpt dom korgar jag ville ha med mig till Sverige och packat ner i trälådorna. Kramade om våran Zulukvinna som skulle vara i tjänst i butiken ända till tiden då Kjell och Bertha senare skulle åka hem. Dom hade några få år kvar att stanna där.

Avsked måste jag även ta med dom som jobbade i bargrillen, där jag hade handlat massor av grillad kyckling under alla mina resor. Folket i den lokala matbutiken ville också göra lite trevlig avslutning på deras lilla sätt. Dom hade gjort en liten matsäck med gott grillat kött och smörgåsar med dricka jag kunde ta med ner till Durban. Gudarna ska veta att godare kyckling har jag nog aldrig ätit. Stannade på vägen mot Durban och åt hela kalaset.

DAGS ATT LÄMNA ESHOWE

Kjell och Bertha behövde inte följa mig till Durban. Jag körde ju själv ner i min egen lilla bil som jag skulle sälja där. Hade ju bara en Resväska med lite kläder och en annan med bara foton jag tagit med en ny kamera jag köpte för ca 1 år tidigare. Den luntan var rätt så stor. Kjell och Bertha och barnen hade givetvis ordnat med en speciell avskedsfest och löfte om att vi ses i Sverige när dom är tillbaka i Sverige.

Men av någon anledning blev det aldrig av. Bertha drabbades av en grav demens och Kjell fick en stroke efter att ha besökt Sydafrika och Eshowe där han sett vad som hänt med våran butik. Han fick tag i mig och 1 månad innan han dog kunde han berätta att våran butik blivit ett museum över våran verksamhet med bilder av oss. Så nu är jag förevigad på ett museum i Eshowe.

Fick också vet att den flickan jag hade anställt i mitt eget hushåll hade det gått mycket bra för. Kvinnan vi hade anställt i butiken och den äldre mannen som alltid jobbade med oss var avlidna.

Vad som var ännu roligare att höra var att skolor för svarta nu fungerade väl och det jag gjorde hade på något sätt sätt blivit en hörnsten med den skolreformen som blev resultatet av förändringen i den Sydafrikanska republiken. Skoluniformerna fanns kvar.

DURBAN OCH BILFÖRSÄLJNINGEN

På Svensk Bo hade ägarinnan berättat för ett engelskt par som kommit dit att jag hade en liten Volkswagen att sälja eftersom jag skulle lämna Sydafrika. Dom hade berättat för henne att dom egentligen var där för att mannen skulle köpa en bil till sin fru. Han var nu anställd i ett engelskt företag på kontrakt ett antal år framåt.

Hon hade ringt till mig om den möjligheten för mig att det fanns en intresserad köpare av min bil. Min tanke var nu att den var ju skadad i lacken av en lejonhona och räknade inte med att få särskilt mycket för bilen. Något annat kunde ju inte räkna med. Men glad om jag kunde få nånting för den. Alltid bra med lite extra pengar när jag skulle åka hem.

Så hände det osannolika som blev sannolikt. När mannen ser min bil och frågade mig om dom ränderna som förstört lacken på framluckan blev jag rädd att nu fanns det inte en chans att få nåt över huvud taget för bilen. Det skulle bara vara att helt enkelt skrota den.

Han gapade efter min berättelse om lejonhonans klor som var orsaken till klösränderna. Han blev så hänförd och säger att detta verkligen var mer än exotiskt och ville absolut köpa detta unika exemplar av bil med lejonklornas klösmärken till sin fru. Han tog bilder av bilen. Han frågade aldrig hur mycket jag ville ha för den utan bara gav mig ett pris som faktiskt var precis strax över det priset jag hade betalat för bilen. Berättade att jag hade köpt den av Engelska Anglikanska kyrkan i Botswana vilket ökade det exotiska värdet ytterligare.

Jag hade aldrig ens i min fantasi kunnat ana att den oro jag kände var obefogad. Min kära bil som jag älskade så mycket och med tanke på hur mycket den hade fått stå ut med. Den skulle nu komma till någon som kunde uppskatta den och ge den lika mycket kärlek efter jag hade lämnat den till dess nye ägare. Det gjorde mig övermäktigt lycklig. Jag fick dessutom genast betalt i Rand och kunde växlas till Engelska Pund. Och så var det gjort och dom sista banden mellan mig och Sydafrika var avklippta. Det sved lite i mitt hjärta.

Det som fanns kvar var bara min lilla resväska med lite enkla kläder jag sytt och köpt. Det mesta av dessa kläder kunde jag senare inte använda mer. Det passade inte in i den europeiska stilen och klimatet. Så blev jag av med dom också när jag kom hem. Ytterligare en ny garderob började jag att inhandla när jag kommit hem, men lite i London hade jag i alla fall med mig på hemresan till Sverige.

BARA 2 VECKOR KVAR

Jag hade bestämt att nu skulle jag göra det jag hela tiden hade drömt att få göra. men aldrig haft tid. Skulle åka ut på hajfiske. Det fanns då ett valkokeri på en ö lite utanför Durbans kust. Idag finns det inte kvar eftersom det är förbjudet att fiska val.

Jag hade tidigare besökt ön för att vara nära när man drog upp dessa enorma djur för att styckas och säljas i butikerna. Blod kan vara lite jobbigt men jag mår inte dåligt av att se all denna mängd av blod som rann ut ur valen man höll på att dra i land. Jag fick chansen att med handen stryka under buken på den räfflade huden som var så slät och mjuk som en babyrumpa. Det förvånade mig. Tyckte lite synd om valen, men var glad att ha fått möjligheten att stå så nära ett sådant enormt stort och imponerande djur.

Från den ön utgick också expeditioner där man fiskade haj som man utövade en del forskning kring. Utanför Durbans badvatten hade man spänt upp hajnät eftersom alltför många olyckor brukade inträffa när badande vistades och surfade där. Har hört att även i dag sker det många olyckor med haj som både skadar och dödar badande människor som inte håller sig innanför nätens avspärrningar. Även jag badade där ibland under mina lediga dagar. Ibland under december då jultiden inträffar i Sverige och njöt av värmen. Tänkte på det snövita, kalla Sverige medan jag njöt av dom varma havsböljorna.

Men nu fick jag chansen att åka ut med en båt som skulle fiska haj till forskningscentret. Att stå på båtens reling och se haj närma sig båten är mäktigt och skrämmande, men otroligt och spännande.

Hela världen liksom bara försvinner och man ser inget annat än just denna haj som dyker upp intill relingen. Att sen se den dras upp på båten medan den ännu lever och hur man sedan dödade den med ett skott, var för mig den absolut totala upplevelsen man aldrig glömmer.

Man fick inte skjuta för många skott vilket skulle skada den för mycket och värdefull information skulle gå förlorad så måste skotten vara välriktade och absolut dödande där och då.

Fick sedan följa med tillbaka till forskningscentret och få en visning runt och se hur man bedrev sitt forskningsarbete. Det var mest blåhaj men också lite vithaj. I Kap bedrivs än i dag en omfattande forskning kring just vithajen, dess rörelser och jaktmetoder och en del annat i dess levnadsmönster. En av dom allra bästa upplevelserna jag aldrig glömmer.

När jag ser nåt liknande på tv så väcks mina minnen till liv och det känns som om jag var där.

SISTA DAGARNA I DURBAN

Träffade många intressanta människor dom dagar jag hade kvar. Bland annat den nuvarande finansministern i Ghanas senaste regering som jobbat hårt för att få kontakt med mig inte så länge sedan.

Han är gift och har 2 barn och bor i Ghana. Hans namn är Ken Ofori Atta och är gift. Hans fru jobbar på KOFI ANANNS BARNSJUKHUS som psykolog och barnläkare i Accra. Han jobbade hårt för ett litet antal år sedan på att få tag i mig och

91

fick till slut tag i min mailadress. Den kontakten var mycket trevlig och överraskande för mig. Han och hans fru har också bjudit mig att besöka Accra som är huvudstaden i Ghana. Om jag en dag får råd att åka kommer jag att göra det.

Han var ung och ogift på den tiden, studerade ekonomi och skulle vara klar med studierna om ca 2 år till efter att jag hade åkt.

Precis dagen innan jag skulle åka till Johannesburg och ta flyget till London dök Buthelezi upp med sitt sällskap i Durban. Av en lyckosam tillfällig tur stötte jag ihop med honom inne i Durban.

Han bjöd mig på en middag på en restaurang som var avsedd för vita. Men pga. hans position kunde han ha ett speciellt privilegium att få en avskild plats i restaurangen tillsammans med sina 2 livvakter. Vi kunde ta ett fint avsked och prata en stund om tiden i Sydafrika som jag hade varit där. Han sa att om han får tillfälle att besöka Sverige skulle han ta kontakt med mig och hoppas vi kunde sammanträffas igen.

 Nu kom han tyvärr aldrig på besök i Sverige vilket hade varit en mycket trevlig upplevelse att få träffa honom igen under andra omständigheter än dom i Sydafrika.

RESAN TILL JOHANNESBURG

När jag kommer till Johannesburg drar jag mig till minnes besöket på den Svenska Ambassaden i Pretoria den 25 september 1973 nästan precis 1 år innan jag skulle åka hem då våran gamla kung Gustav VI Adolf begravdes i Stockholm...

Den känslan upplevde jag också senare under min tid i Kina då jag bodde där under hela 2007 där kineserna jag träffade som talade mycket positivt om Sverige som nation. Har blivit väl behandlad i dessa 2 länder som varande tillförlitliga personer som alltid var uppskattade som svenskar, som har gjort bra saker för dessa länder i både FN och som handelspartners.

DAGEN INNAN HEMRESAN I JOHANNESBURG

Stannade över natten för att bara turista och shoppa i Johannesburg, träffa lite folk och njuta den sista dagen i Sydafrika. Hade en flygbiljett på SABENA som betalats av den Svenska kyrkans Mission först till London. Från London hade den Svenska kyrkan ordnat med flygbiljetten hem till Stockholm och bussresan till Uppsala.

Så vaknade jag på hotellet, åt en tidig frukost och tyckte det skulle bli skönt att åka till London och tänkte hur skönt det skulle bli att äntligen slippa lite spänning. Få slappna av och slippa otrevligheter att vara rädd för längre. Undrade lite hur det skulle kännas att få vara hemma igen. Men också vad jag skulle ägna mig åt hädanefter.

PÅ FLYGPLANET- KRIGET I LUANDA

När vi alla var på plats meddelar piloten om vädret och att vi skulle mellanlanda i Luanda i Angola för att tanka planet för vidare flyg till London.

När till slut landade i Luanda bad man oss att gå vidare till stationshuset med eskort p g a det inbördeskrig som rådde. Planet skulle tankas för vidare flyga till London. Då hade ingen av oss den minsta vetskap om att just då råder det ett totalt inbördeskrig i Angola som ni alla kan läsa om på Googles i dag.

Sagt och gjort vi gick av....där stod en allé av mörkklädda soldater med Kalasjnikovs i högsta hugg pekade emot oss och ger oss order att snabba på mot stationsbyggnaden. Dessa vapen såg jag var försedda med stickvapen kopplade till dessa maskingevär. Tre nunnor gick framför mig och bakom mig kom en Sydafrikansk vit kvinna som var hatare av afrikaner. Hon fräser ganska högljutt ....damn kaffer....ett namn som är superfarligt i ett afrikanskt land att säga till en afrikan.

Jag vände mig om och sa till henne att hålla käften eftersom vi inte längre var i Sydafrika. Den närmaste soldaten tar sitt vapen med stickvapnet och kör det in i sidan på mig och henne som var så smärtsamt att jag tappade nästan andan och var nära på att bara säcka ihop. Eftersom jag talade till henne trodde dom att vi två hörde ihop.

Tog mig haltade ordentligt fram till byggnaden och ville gå till en toalett för att se hur jag såg ut om jag blödde eller hur jag blivit skadad. Skadad var jag och blödde gjorde jag lite men mina kläder hade skyddat mig en del, så den yttre skadan var inte så stor men den inre desto mer. Jag hade fått mycket ont. Under den tiden vi väntade såg vi och hörde bomberna ramla ner runt omkring. Fullt inbördes krig rådde där och inget av detta var vi informerade om hur nära allt var innan vi kom dit.

Visst sa piloten att det rådde inbördeskrig, man jag hade naturligtvis inte begripit ett jota av vad som verkligen pågick där. Dessutom var pilotens information minst knapphändig.

Man kan tycka att det kanske var Guds beskydd att vi inte blev bombade och dödade där vi stod i vänthallen. Men den stora frågan jag hade var ...Varför i all sin dag måste vi tanka planet i den staden...varför vi inte ha landat i nåt annat land och annan stad på vägen upp över Afrika.

Den frågan fick jag aldrig något riktigt svar på. Men någon av passagerarna trodde det hade med flygvägen att göra. Tiden skulle ha blivit betydligt längre och vi måste komma någorlunda under dagtid till London av olika orsaker. Tankningen i Luande räckte precis till London. En annan väg hade förmodligen förlängt flygtiden och en andra tankning hade blivit nödvändig vilket ju också hade fördyrat flygresan.

LONDON

När vi landade på Heathrow ösregnade det och det var kvällsmörkt. Det som först slog mig var hur kallt det kändes. Den afrikanska värmen vi nyligen hade lämnat och acklimatiserat mig för var inte längre kvar.

Och dessutom hade jag ju inga kläder för kallare temperatur och England var i augusti och höstregnet var kyligt och fuktigt. Jag fick gå till en butik inte långt från sjukhuset när jag blev utskriven och köpa en varm jacka och långbyxor jag inte haft på mycket länge. Det kändes lite märkligt med så varma kläder på.

Vi behövde dessutom sjukhusvård p g a den skada jag och den andra kvinnan hade åsamkats på Luanda flygplats. Flygbolaget SABENA som vi åkte hem med kände sig ansvariga för den skada vi hade blivit åsamkade i Luanda.

Dom ringde en Ambulans som tog mig och den Sydafrikanska kvinnan till sjukhus, st. George sjukhus för omplåstring. Jag blev undersökt och röntgad. Man ville se om jag hade spräckta revben eller andra inre skador som var mycket smärtsamma för mig.

Jag blev bandagerad och fick smärtstillande sprutor för att sen bli inlagd där under natten för att övervakas att se hur jag skulle må dagen efter. Fick god mat och en mycket förstående personal som verkligen ville veta detaljerna kring händelsen. Jag blev mycket populär att prata med. Jag mådde utmärkt och trivdes bland mycket omtänksam och trevlig personal.

SABENA betalade hela sjukhusvistelse och den vård vi fick. Fick också tillfällig hjälp med medicinering emot malariesmittan jag hade drabbats av för att klara mig tills jag kommer hem.

När jag sen blev utskriven åkte jag till Svenska Kyrkan i London där jag stannade i nästan 2 veckor.

BESÖKET I BIRMINGHAM OCH SELLY OAK
Med en god vän jag träffade på Svenska Kyrkan i London hyrde vi en bil och körde upp till Birmingham och Selly Oak. Där träffade jag husmor som var kvar från tiden jag var där och pluggade engelska. Hon var häpen över som hon sa...att jag kom dit och såg så levande ut. Hon hade trott att jag nog aldrig skulle komma hem levande från Sydafrika. Hon var tvungen att krama mig hårt och verkligen känna min levande kropp och tog en bild som bevis på att jag faktiskt levde och existerade.

 Min engelsklärare hade tyvärr avlidit så henne fick jag aldrig mera se. Det hade nog varit fantastiskt roligt att få träffas igen efter det brev hon hade skickat till mig i Sydafrika och informerat mig om att jag klarat av min Lower Cambridge English.

Fick se min vävda bild av en stor fjäril som hängde kvar i matsalen vilket gladde mig mycket. Kanske den hänger där än i dag, men det kanske är att önska lite för mycket. Det är ju ändå mer än 50 år sedan. Hon bjöd oss på mat och vi träffade också lite andra personer som jag hade mött när jag pluggade där och vi fick stanna över natten.

Fick glädjen att återse mitt studentrum jag bodde i när jag pluggade engelska. En märklig känsla. Åt lite frukost dagen därpå och körde tillbaka till London.

Där lämnade vi tillbaka hyrbilen ...det var eftermiddag och det var dags att äta nåt innan vi gjorde kväll. Jag gick tillbaka till Sv. Kyrkan och berättade att jag tagit ett beslut att fixa flygbiljetten till Stockholm och då säger dom att det skulle dom göra vilket dom också gjorde. Jag var ju liksom fortfarande i tjänst hos Svenska Kyrkans Mission. Det hade jag liksom glömt. Jag var ju inte längre i Sydafrika....trodde jag. Men det var ju bara min ande som var kvar förstod jag.

VAD JAG SEDAN GJORDE

Besökte Vaxkabinettet där man har gjort vaxdockor av kända personer. Jag upplevde besöket där som mindre trevligt och doften sitter ännu kvar i mitt luktsinne.

Var mest på svenska sjömanskyrkans butik och restaurang och närvarade vid ett par tillfällen på Gudstjänst där.

SÅ BLEV DET BESLUTAT

Att nu måste jag nog ändå åka till Uppsala, först till att börja med, innan jag åker hem till Norrbotten och hälsar på mina föräldrar.

PÅ FLYGPLANET TILL STOCKHOLM

Jag hade fått en plats på SAS på en bänkrad med 3 säten jag hade fått den längst ut i gången. Efter en stund kommer dom som ska sitta bredvid mig. Det visade sig senare vara mycket kända personer. Det var Agneta Fältskog och Anni-Frid Lyngstad som hade platserna invid mig och Björn och Benny som hade fått sina platser framför oss.

Vi började så smått att prata med varandra då jag säger att det ska bli skönt att äntligen få komma hem och dom frågade vart jag hade varit. Berättade om Sydafrika och dom berättade att dom var en sånggrupp som kallade sig för ABBA och att dom jobbat i London med inspelningar i en musikstudio som tillhörde Mikis Theodorakis som jag nyss hört har avlidit.

Då kom jag ihåg att jag hört på radion i Sydafrika att en grupp från Sverige som kallade sig för ABBA skulle sjunga en sång som jag tyvärr inte minns vilken det var. Dom tyckte om det och blev verkligen överraskad att höra att deras sång hade sänts i Sydafrikas radio. Då blev dom riktigt intresserade av vad jag hade gjort där och lite om deras jobb i London och att dom jobbat i drygt 1 månad med dessa inspelningar. Dom hade ju ännu inte nåt den popularitet och kändisskap som dom senare nådde.

När vi klev av erbjöd dom mig att hänga med i deras bil till Stockholm. Måste tyvärr tacka nej för jag skulle ju till Uppsala. Inte visste jag då, och inte dom heller hur berömda dom senare blev för, efter den gången åkte dom till Australien där dom slog igenom enormt stort.

När jag kom till Uppsala fick jag efter några timmar efter besöket med Sv. kyrkans mission en lägenhet att flytta till som var tänkt för svenska missionärers hemkomst. Det ligger precis med utsikt över Linneträdgården 3 våningar upp. Detta var året 1974 i början av september.

BESÖKET HOS MINA FÖRÄLDRAR

Det blev lite krystat, min mor visste liksom inte vad hon skulle säga eller fråga om så hon frågade om jag ville ha lite risgrynsgröt som stod kallt på spisen. Hennes förutsägelser att jag skulle misslyckas och komma hem igen inom kort hade inte uppfyllts. Hon brukade alltid koka ris som nån sorts försäkring att det alltid skulle finnas mat att värma. Särskilt gott är det inte tycker jag att äta uppvärmt ris men det fick duga. Jag sa ingenting om det utan försökte bara prata om hur dom hade det och lite annat kallprat.

Min far satt i stora rummet och såg nåt på TV. Medan mamma värmde riset gick jag till pappa kramade om honom. Han fick en tår i ögat och var verkligen lycklig att se mig vara hemma igen. Vi sa inte så mycket men visst kände jag hans glädje och stolthet över mig. Han kunde visst inte fatta att jag var tillbaka hemma igen.

Tror att dom 3 åren i Sydafrika hade varit mycket oroande för honom men mäkta stolt att se mig vara tillbaka och att jag klarat av dessa 3 år.

Mamma hade ju förutspått att jag skulle vara tillbaka så snart jag kom till Sydafrika och nu hände ju inte det. Jag var mycket medveten om hennes känslor när jag inte gjorde det och nu var hemma igen helt lika dan som när jag åkte.

Min seger att ha överbevisat min duglighet och vad jag hade åstadkommit höll på att svälla över inom mig men inte med en min eller ett endaste ord sa jag vad jag kände. Det räckte mer än väl att jag nu stod där. Inte en endaste fråga om någonting jag varit med om eller vad jag hade gjort ställdes. Men jag väntade heller inte att något skulle sägas. Åkte inom 2 dagar tillbaka till Uppsala.

SÅ GICK JAG MED I UNIFICATION CHURCH
Efter 2 lektioner i Divine Principle hade jag en andlig uppenbarelse på kvällen precis innan jag skulle somna.

Hade ju sett Sanne Fars bild i den gamla svarta Principboken och just den bilden visade sig för mig och jag fick insikten om att Sanne Far är Messias, mänsklighetens Fader. Jag beslutade mig för att överraska Ursula med den insikten jag fått. Jag glömmer aldrig hennes uppsyn och chock när jag säger till henne---när kan jag flytta in... hur menar du frågade hon.... Jo, jag vet ju att Han i den där boken är Messias. Chocken för henne var total eftersom vid den tidpunkten hade Sanne Far sagt att ingen fick offentligt kalla honom för messias eftersom han inte hade lagt klart fundamentet för sin position som Messias.

Men sagt och gjort jag flyttade in i centret med bara en säng från den fina exklusiva lägenheten jag hade fått som VIP-missionär i Svenska Kyrkans Mission.

Jag blev lite senare uppkallad till ärkebiskopen som undrade vad som har hänt mig. Jag var naiv nog att bara rakt av säga att jag hade träffat Messias. Det var det sista han kunde tänka sig skulle bli mitt svar. Fick då veta att nu var alla mina privilegier att få åka runt till dom olika församlingarna i Sverige och hålla föredrag om min mission i Sydafrika. Det skulle bli väl betalt och mycket trevligt uppdrag några år framöver. Allt var nu borttaget.

Tja inte mig emot, nu var det bara Sanna Föräldrarna som gällde och är så fortfarande och för resten av mitt liv. Ett beslut som jag aldrig har ångrat oavsett hur svårt och tufft den missionen har varit. Men det delar jag med så många i denna värld som har följt Sanna Föräldrar i återupprättelsens historia att kämpa emot all ondska i världen.

ÅREN GICK
Jag hade gått med i UC under mycket snurriga "tilltag att gå med i en sådan s k sekt som min familj hade bestämt att det var. Deras upprördhet förstod jag inget av då. Och inte berörde det mig heller. Jag visste ju vad Gud hade uppenbarat för mig.

Jag jobbade mest med sjukvård och utbildade mig till vårdbiträde men också långt senare till arbetsterapeut. Förstod efter jag lärt mig vad principerna sa att Gud nog hade förberett mig inför mötet med Sanna Föräldrar.

HADE NU GÅTT MED I UC
Jag fyllde 64 år 1976 och bestämt mig att gå i pension. Vad jag nu skulle göra var nog lite oklart. Den familj jag hjälpte och stöttade under ca 8 år hade nu bestämt att åka till Kina under 1 år och frågade om jag skulle ha lust att följa med och det gjorde jag.

Hyrde ut lägenheten till 2 indier som hade 1 årskontrakt med ett företag i Sverige och dom betalade hyran vilket var tryggt och säkert för mig. Ingen hyresbetalning hoppades över under hela det året. Packade och ordnade med allt och lite till. Avresan blev lite turbulent innan vi äntligen satt på planet till Södra Kina där vi stannade i 2 veckor av olika orsaker jag inte ska gå in på eftersom det rörde personligen den familj jag åkte med.

MITT KINESISKA ÅR 1977

Det var den 3 januari vi landade i Kina. Efter 2 veckor åkte vi upp till Peking eller Beijing som det heter i Kina. Där hade min väninna som är kines, åkt upp i förväg och hittade en möblerad lägenhet ett typiskt grindsamhälle med Grindvakt som var nödvändigt pga kriminella oroshärdarna som härjade lite här och var.

Vi åkte tåget upp och det var kall vinterkyla när vi kom fram och värmeelementen var ännu knappt ljumma i lägenheten. Deras son, då bara 5 år och jag kröp ihop i den hårda bädden med kläderna på och sov där som stockar. Den bestod endast av träplankor och en tunn sängmadrass ovanpå. Inte riktigt vad jag var van vid men något val fanns inte och att klaga var heller inte att tänka på. Man måste liksom bara vänja sig. Var ju i Kina nu och skulle så förbli ett helt år framåt, så det var bara att gilla läget och anpassa mig. Viket jag också gjorde.

Vi inrättade oss och promenerade runt lite i området för att handla matvaror och besökte en gigantisk grönsaks- och frukthandel tvärs över gatan intill vårat höghus som bestod av 13 våningar. Vi bodde på den 3 våningen.

Trotts att jag är norrlänning och van vid vinterkyla upplevde jag att jag aldrig frusit så mycket i hela mitt liv som just då.

Blev bekant med en lokal buss som ägdes av ett större varuhus inte så långt bort som man kunde bara hoppa på att åka dit och det kostade inget. Varuhuset bekostade denna service. Med tiden lärde jag känna flera av dom som åkte dit var och varannan dag. Det blev riktigt trevligt när jag kunde prata lite med en och annan som kunde lite engelska. Varuhuset var ganska billigt och en hel del kunde jag köpa till rimliga priser där.

CHINA CENTRAL BANK

Detta var då den enda bank som man kunde växla renombin till annan valuta. Det var bara att sätta in bankomatkortet i automaten och knappa in den kortkoden som SEB hade gett mig och ut kom motsvarande valuta i Kinesiska renombin. Dit gick jag många gånger under året och i entrén satt alltid en polisman och bevakade det hela för att upprätthålla säkerheten att inget penningrån skulle äga rum.

LOKALT MATSTÄLLE

Vi besökte ofta ett mycket trevlig litet enkelt matställe att äta på, mer än billigt och mycket god och enkel mat. Inredningen hade mycket i övrigt att önska, men det motsvarade inte kvalitén på maten som var förstklassig.

Det var endast kineser som åt där just pga. priset men också för att dom inte kunde tala engelska. Utländska besökare visste sällan om dessa enkla matställen.

Min väninna presenterade mig för kocken och vad jag tyckte om att äta på den meny dom hade för att jag skulle kunna gå dig själv utan hennes sällskap. De hjälpte fint till varje gång jag kom. Ett fat fullt med wokad ris och en salig blandning av hackade grönsaker och grillad kyckling kostade inte mer än ca 8 kr i svensk valuta. Det kan man nog betrakta som ett drömpris, nästan som om maten var gratis.

Detta enkla men trevliga matstället var välbesökt och en gång träffade jag på äkta Mongoler som var på besök för att sälja viktiga naturläkemedel till ett sjukhus. Där man använde dessa läkemedel för dom döende patienterna. En del lyckades man rädda till livet men för en del andra var det en lindring för kropp och själ innan det var dags att lämna det fysiska livet.

Dessa människor var exotiska i mina ögon. Klädda som dom riktiga hästkarlar dom var. Och kvinnorna i fantastiska håruppsättningar och mycket långa örhängen.

När dom fick veta att jag var från Sverige sken dom upp och kunde berätta att dom kände till Sverige som ett av dom absolut mest fredliga länder i världen. Kunde senare se dom shoppa inne i Peking och alltid sken upp när dom såg mig

Det riktigt populära matställena var Mc Donalds och Kentucky Fried Chicken som ständigt besöktes av både mig och kinesiska familjer. Priset var billigt och ständigt många gäster. Man fick verkligen ha tålamod att vänta i kö och inte vara för hungrig när man började stå i kön. Sen var man riktigt hungrig när maten väl var klar och man kunde sätta sig på någon ledig med vilket sällskap som helst.

Där gjorde jag många fina bekantskaper som talade engelska. Där fanns av naturliga skäl många européer som jag kunde tala med och gjorde många värdefulla kontakter.

DEN STORA PARKEN

I Peking finns inget angränsande vatten eller nära naturområden och staden är så enormt vidsträckt.

Inte långt från vårat hus låg en enorm anlagd park där det fanns motionsredskap gratis att användas för alla som besökte parken. Det kostade endast 2 RB att komma in. Man kunde köpa lite grillade kycklingspett och annat där och vara där i princip hela dagen.

Området var ca 2 km i kvadrat stort med bänkar, dungar och folk som spelade instrument eller tennis. Jag köpte rollerblades och tränade med sonen utanför vårat hem. Sen åkte vi dit till parken tillsammans ibland och åkte rollerblades. Jag blev riktig bra på det och fick starka ben. Starka armar när jag tränade att lyfta mig själv på en hög ställning där man håller fast sig uppe på stången.

Träffade på ett gäng OS gymnaster och det var särskilt en man som tyvärr inte talade engelska som visade upp någonting helt fantastiskt. Han kunde hålla sig fast i en stolpe och hålla hela kroppen vågrätt utåt. Han ville så gärna tala med mig och log så fint varje gång vi sågs. Han tränade mig i armstyrka och lite andra välgörande gymnastiska rörelser utan att vi kunde säga ett endaste ord till varandra. Men det gick mycket bra ändå.

Många äldre personer var där och tränade thai chi och jag var alltid välkommen att hoppa in i gänget och öva med dem.

Det var vanligt med parader med utklädda långa kinesiska drakar och roliga dräkter av dom som paraderade bakom draken, med slagverksmusik som var mera skrällande än vad man menar med musik. Historiska syftet med dessa parader handlade då om att skrämma bort gamla onda andar. Vore jag ande skulle jag nog ha tappat hörseln för länge sen.

Parken användes också för att bygga upp vackra figurer, blommor i enorma storlekar, blomsteruppsättningar och speciella små byggnader klädda i färgglada sidentyger. Allt ljussattes och i kvällsmörkret var det plötsligt en helt annan värld man befann sig i.

Andra tider man inte firade någonting fanns det alltid små butiker i enkla tält som man kunde sälja precis vad som helst som man över huvud taget kunde sälja.

DET KINESISKA NYÅRET
Nyåret är den största helgen som firas i Kina. Helgerna är inte tillnärmelsevis så många som vi har i väst. Men tänkte ibland att Gud var mera generös med vilodagar än den andra makten är. Arbeta och studera tills man näst intill nära stupar är det som gäller i den här världen.

 Ungdomarna jobbar hårt på att få toppbetyg för att sedan trängas på dom få universiteten som finns att söka till. Resten som har råd kan skicka sina ungdomar till Europiska universitet och dom är väldigt många. I Kina lär man sig att skriva perfekt engelska men inte att tala språket. Har visst att göra med den politik som avgör det. Ett sätt att begränsa kontakten med väst.

I Kina finns inte nåt som kallas för äldreboenden. Det är barnen som måste själva ta hand om sina gamla anhöriga.

Måste därför ha en god utbildning för att tjäna pengar nog att skaffa ett hem och familj och få plats med dom gamla i familjen. Dom gamla får tjäna som barnpassare medan husets föräldrar måste arbeta och försörja hela familjen.

Alla tågen blir sprängfyllda med både ungdomar och andra vuxna som vill åka till sina närmaste familjer någon annan stans än i Peking. Det är den enda helgen som är lång nog att hinna vara borta från studier och att kunna vara lite ledig.

Min väninna lyckades få biljetter att åka upp till Harbin och en liten bit längre norrut nära den Mongoliska gränsen där vi besökte hennes syster med sin familj.

TÅGRESAN EN FILMISK MARDRÖM TILL HARBIN

Vi satt ihop trängda på smala sittbänkar klädda i nåt slags bommullssammet i mörkt tyg och bänkarna stod mitt emot varandra så man kunde tala med dom som satt mitt emot.

På tåget gick man omkring både dag och natt med varmvatten i termosar och serverade te och man fick köpa matpaket med ris och kyckling till. Det var verkligen både billigt och även gott och ordentliga tilltagna matportioner. Att sova var nu inte det enklaste. Eric var ju liten och kunde sova uppe på hatthyllan. Fönstren var igenfrostade och isiga på insidan och om man hade fötterna emot som jag hade, var man ganska så kall om tårna. Filtar fanns inte utan det enda jag kunde ha var mina egna vinterkläder att svepa in mig i medan tågpersonalen gick längs dom smala korridorerna med de varma vattentermosarna och en ficklampa på natten och bjöd på varmt vatten med te att värma sig med.

Toaletterna var mer än välbesökta. Mycket enkelt, bara ett hål i golvet och ner på marken där rälsen försvann i tågets hastighet. Iskall vinterluft svepte upp genom hålet som gjorde rumpan riktigt kall. Det var bara att skynda sig att bli klar så snabbt som möjligt. Tur var väl det för kön var lång och alla väntade på sin tur. Ingen ville stå för länge i den kön. Men för alla människor har nöden ingen lag, man bara måste få klara av detta oavsett hur.

På resan upp fick jag samtala med Harbins lokala polischef som var på väg hem och visade sig tala mycket god engelska. Han blev riktigt glad att få tala med mig och berättade om min resa. Blev åter igen påmind och Sveriges popularitet i Kina. Det goda med det samtalet var att jag inte behövde komma till polisstationen för att meddela min närvaro där. Han visade sig vara en stor beundran av Sverige. Alla utländska besökare i Kina måste anmäla sin ankomst och vart man reste eller befann sig. Man har en strikt kontroll på varenda människa att inget oförutsett ska inträffa. Vad man kan tänka sig är väl inget jag ska orda om här. Men man kan faktiskt tänka sig i princip vad som helst. Men jag behövde bara komma till stationen och stämpla in i passet och bekräfta min närvaro i Harbin. Han log så trevligt och inga problem fanns för mig att få stanna där så länge jag hade lust.

Under resans gång passerade tåget Kinas alla dom enorma risfälten i norr som kallas för Kinas kornbod som försörjer i princip hela den kinesiska befolkningen med mat. Nu var det vinter och alla fälten låg kala i vintervila för att odlas på igen mot våren. Fälten passerades förbi i en oändlighet. Det måste ha täckt ett helt landområde som alla bönder får ekonomisk hjälp från den kinesiska regeringen för att kunna upprätthålla sina odlingar. Fick höra att även presidenten hade besökt dessa risbönder för att uppmuntra dem att aldrig ge upp sina odlingar.

ISPARKEN

I Harbin bodde vi på ett hotell inte långt från den berömda Isparken som består av isskulpturer, allt från människostatyer till små slott och djurformationer gjorda av koreanska konstnärer varje år. Dom lystes upp inifrån av små lyktor man placerat där som gjorde hela parkens euforiska känsla stor och spännande och vackrare än någonsin.

En isrutschkana kunde man åka i och även jag åkte i den. Kunde inte ana vad jag hade gett mig in på. För det första gick det mycket fortare än i en vanlig rutschkana och när man närmade sig slutet fanns det ditskottad snö man skulle åka igenom som hade den effekten att man blev totalt slagen av snö emot ansiktet och kroppen. Sen möttes man där nere av en hel hop människor som stod där och gapskrattade åt den snöiga varelsen som såg ut allt annat än som en människa, kanske mer som en bergsmänniska man kallar för yetin.

Parken är ca 1 km i kvadrat och figurerna var så många att det tog nästan en halv dag att se allt. Efteråt var vi både trötta, hungriga och lite frusna. Att äta god mat på något matställe med värme fanns det gott om. Efter en sådan dag kunde vi sova mycket gott. Fick något år senare hemma i Sverige se ett tv-reportage från just den isparken.

Nästa dag var det dags för oss att resa med bil vidare norrut emot den Mongoliska gränsen där min väninnas syster och familj bodde.

HOS FAMILJEN

Jag är inte särskilt glad i nyårsraketer. Ville helst gömma mig och hålla för öronen. Raketer kunde utan hänsyn bara slängas framför folk som kom gående. Det hade jag ingen lust att vara med om. När familjen skulle ut för att fira nyåret stannade jag hemma och saknade inte festligheterna. Jag njöt i stället av att se tågen med lastade vagnar fulla av svart kol som importerats från Mongoliet ner till Beijing. Dom tågen var enormt långa.

Kol är en viktig bränsleprodukt i Kina och som har skapat stora problem med luftföroreningar.

När vi var klara att åka tillbaka till Beijing tog vi oss ner till Harbin med bil och sedan med ett tåg. Antal medresenärer var betydligt mindre än när vi åkte upp. Helgen var över och vi behövde inte åka då alla måste tillbaka och klokt nog hade vi tid att åka hem igen en bättre tid utan att trängas för mycket.

PÅ VÅRAN GÅRD

En bilparkering fanns framför dom 3 höghusen och den lilla gårdsbutiken. Framför parkeringen fanns en grässluttning nästan 90 grader upp, men bara lite högre än över bilarnas tak. Där kunde man sitta och njuta på parkbänkar med lite träd bakom. På andra sidan av området fanns en annan grindvakt som vi gick förbi varje gång jag skulle följa Sonen till skolan. Det var en Montessoriskola för dom lite mera välbärgade och högre tjänstemäns barn. Det kostade en del men för Erics familj var det helt överkomliga priser och undervisningen var högklassig. Betydligt bättre innehåll än i Sverige skulle jag verkligen säga.

SKOLAN

Eric kom ju från Sverige med bara ett avslutat första klassbetyg. Skolan hade kommit fram till 4e klass och Eric fick en egen personlig lärare som jobbade enskilt med honom så han kunde hinna i fatt dom andra barnen. Vilket han också så småningom gjorde.

Undervisningen var rena korvstoppningen och i ordets rätta betydelse mer än tuff, höga krav och många och täta tester av kunskaperna allt eftersom tiden gick. Det gick mycket bra för honom i den skolan.

Där var en vaktmästare anställd som såg till barnen på deras raster att inget av barnen skulle komma till skada eller bli bortrövade. Det var nu så att det fanns kriminella ligor som tog barn som sedan användes i porrindustrin. Men också för andra ändamål. Att försöka med polisens hjälp att hitta dom var bara att glömma. Det var en total omöjlighet att få tag i dom. Skolan var helt omgärdad av höga stenmurar och inget utanför avslöjade att innanför låg en skola.

Tuffa uteaktiviteter i tennis och andra extra tillvalsämnen fanns förutom dom grundläggande teoretiska ämnena fanns att få och valen var många.

Alltid när barnen skulle hämtas av anhöriga stod vaktmästaren och rektorn ute på gården och såg till att det var godkända anhöriga som hämtade sina barn. Man fick aldrig lämna ett barn utan uppsikt eftersom risken var hög att ett barn kunde försvinna. Dom som skulle hämta barnen måste registreras av skolan att vara godkända att höra till barnens familjer.

Varje fredag när veckans skolgång var slut fick jag hämta Eric och vi gick till lilla caféet och jag bjöd på varm choklad och muffins och annat gott som var mera europeiskt. Sen gick vi till badet och simmade.

Jag tränade Eric till att lära sig simma och vaktmästarna vid badet såg på medan jag jobbade med träningen. När han sedan började simma själv började han och jag att tävla med varann. Eric blev så klart betydligt bättre än jag och det uppskattades av badvakterna att se.

Innanför bad området fanns en liten butik som också sålde grillspett med allt möjligt som jag undvek men dom hade alltid grillad kyckling som var jättegoda med kryddor som verkligen gjorde dom smakrika.

En gång när jag gick till badet hade jag inte Eric med mig som kunde översätta till kinesiska om jag ville köpa ett kycklingspett. Försökte säga på engelska men blev inte förstådd. Då fanns det bara ett sätt att bli förstådd på så jag satte i gång och flaxade med armarna och kackla som en höna. Reaktionen var enorm och alla skrattade stort och förstod genast vad jag ville ha. Fick mitt kycklingspett och behövde inte betala. Föreställningen hade varit så uppskattad att den var värd att bjuda på.

Men sedan visste dom alltid vad jag ville köpa.

Det hände ibland att vi gick först till badet en stund och simtränade efter skolan och sedan avslutade dagen på Coffee Lobby där Eric fick dricka sin choklad och äta muffins. Men även jag fick nåt gott i mun och träffade ägaren och vi talade om inredningen som jag senare hjälpte till med att förbättra.

SIMSKOLAN

Alldeles intill den stora parken fanns en simhall där OS simlaget tränade ibland. Eric blev så bra i simning att han fick vara med när dom unga atleterna tränade inför OS som ägde rum året efteråt 2008. Han erbjöds en plats i laget men hans mor ville inte det. Hon menade att deras kadaverträning inte skulle vara bra för honom och dessutom skulle vi åka hem innan årets slut.

Medan dom tränade fick inte anhöriga vara inne i simhallen utan fick stå utanför på baksidan och stå lutad mot det stora panoramafönstret och se på tävlingarna. När dom var klara fick vi komma till framsidan och hjälpa barnen med kläder och hämta dom hem. Vakterna utanför grindarna ville alltid se ID som både Eric och jag hade i ett band hängande om halsen. Över allt var det mycket strikt kontroll på vilka anhöriga som hämtade barnen.

MORGONBRÖDET

Det jag kan sakna från tiden i Kina är det supergoda morgonfriterade brödet man kunde gå ett kvarter bort och köpa. Det långa stänger som långa franskbröd kl. 7 på morgonen då frityrbunkarna var varma nog. Dom friterades i en stor bunke bara några minuter och kokta ägg kunde också köpas till frukost. Dom är helt enkelt supergoda och varma när man kommer hem och gott till både kaffet och teet.

Alla som arbetade runt om kring där kunde sitta med sitt friterade bröd, ägg och kaffe innan jobbet började. Hur man kunde klara ekonomin med att sälja dessa bröd och ägg är mig totalt obegripligt eftersom varje bröd inte kostade mer än ca 50 öre i svensk valuta räknat. Jag köpte alltid 4 bröd och ibland även några ägg. Det var även riktigt kul att gå dit och prata med folk tidiga mornar och se hur brödet fräste i oljan.

FRUKT-OCH GRÖNSAKS HALLEN

Den stora hallen mitt emot gatan där vi bodde hade allt i grönsaksväg och frukter från södra Kina. Jag hittade en bunt dill, som såg ut som dill i Sverige. Köpte av dom och blev lite överraskad att smaken inte hade nåt med den svenska dillen att göra. Den smakade helt enkelt ingenting. Men där fanns potatis av olika sorter, lök av ännu flera sorter. Det var alltid roligt att gå dit och höra folk prata i mun på varandra medan man dealade om priset. Bara det var världens teater.

DET STORA BILGARAGET

Det låg precis nedanför mitt sovrumsfönster. Killarna som jobbade där sjöng ofta medan dom jobbade och det hände ibland att dom måste upp på taket. Dom måste reparera skador som uppstått under dom tropiska regnen när ett hårt åskväder slagit sönder taket, få bort vattnet som ibland rann ner till verkstaden.

Dom som jobbade med att byta räcken på balkonger flera våningar upp på husen använde bara linor att hissa upp både sig själv och räckena. I sanning ett hissnande balansnummer dom kunde klara av med världens längsta linor.

Inga trappstegar eller nån brandbilsstege användes. Man kunde tro att en stege kunde användas av en brandbil men en sådan såg jag bara en gång. Ett av dom höga husen på våran gård hade fått brand i en lägenhet som låg nästan högst upp på 14e våningen.

Då var det ett herrans liv utan like. Det var som om folk hade blivit tokiga av skräck att hamna inne i ett höghus i brand, det fick nu aldrig ske. Brandkåren var mycket välutrustad och bara på några få minuter var dom där.

En gång på våran 3e våning hade ett äldre par tagit upp sin moped och ställts utanför sin lägenhetsdörr. Mannen hade försökt tanka cykeln och lyckats spilla lite bensin på korridorgolvet, vilket upptäcktes nästan genast. Vi som alla var hemma sprang dit knackade på dörren och beordrade att genast ta ut cykeln och rensa golvet från bensinen, som kunde ha blivit tänt av någons cigarett.

Det tog verkligen ett tag innan det blev gjort, men först fick allt sugas upp av sågspån som någon hade fått tag i. Sedan skyfflas bort och golvet måste sedan skuras helt rent från minsta bensindoft.

Brandkåren fick sen komma och godkänna om rensningen kunde godkännas och paret fick en sträng varning att aldrig ta upp sin moped eller ens tänka på att tanka den uppe i korridoren. Verkligen livsfarligt med tanke på dom långa och smala korridorerna hela vägen upp till den högsta våningen. Ja min Gud vad mycket ska man inte vara med om och vara lycklig sen att allt slutade bra.

LOKALA POLISENS HEMBESÖK

Var ofta lite mera vaksam inför det jag mötte på mina promenader till varuhus och små butiker. Lade märke till att när en eller 2 poliser kom gående på trottoaren att flera gick över till andra sidan gatan. Rädslan för polisen och myndigheten var så grundmurade att ingen ville komma i dess väg även om inget skulle hände när man gick om varandra.

En dag besökte den lokala polisen mig i lägenheten där bara jag och Eric var hemma. Dom var artiga och trevliga men kunde ingen engelska. Eric som kunde lite kinesiska fick översätta. Han hade klätt sig i kläder och en mask i ansiktet som en figur som man kunde se på barnprogrammen på Tv. Det gjorde det hela lite absurt och polisen smålog när han kom fram och talade om vad jag hade sagt.

Dom gav mig instruktioner att aldrig lämna honom obevakad pga. av kidnappningshändelser med små barn. Dom gav mig lite allmän information om att jag alltid måste anmäla mig till den lokala polisen i det området eller platsen jag besökte. Innan dom gick önskade dom mig en trevlig tid i Kina och hoppades att jag skulle finna det värt att komma till Kina en gång till i framtiden. Dom sade även till Eric att aldrig lämna mig eller sina föräldrar så ingen främmande person skulle kunna röva bort honom.

LOKALA HÄNDELSER-TURISTADE PÅ EGEN HAND

I grannhuset bodde en ung tjej som studerade till att bli turistguide i Beijing. Hon och jag blev så småningom goda vänner och hon tog med mig till olika platser och ställen som var av värde för en person från Sverige.

Man hade byggt klart vissa anläggningar inför OS som skulle äga rum 2008. Hon ville ta mig till sim-och hoppanläggningarna som i princip redan var klara. Problemet var att hon inte visste då att det var förbjudet att ta sig in där innan allt var klart.

Men vi åkte dit och inga människor sågs till så vi bara travade in där och gick runt alla hoppställningar och området runt simhallarna. Där står helt plötsligt en polis.

Det fick min kompis att nästan tappa andan och blev helt vettskrämd och sa att det kunde vara farligt om han tar till vapen. Men jag är ju svensk och upplevt säkerhetspolisen i Sydafrika. Fattade inte ett jota av någon eventuell fara, dom hade ju besökt mig hemma och dom var verkligen inte hotfulla. Men jag insåg att den här polisen måste man smöra lite vilket jag gjorde.

Gick fram till honom bad honom ta min kamera och föreviga oss. Jag sa att jag var från Sverige och skulle åka hem och se alla OS tävlingarna. Jag sa med ett stort leende att jag skulle vara så stolt att kunna visa vilka fina och imponerande anläggningar som jag hade besökt. Jag ville ta en bild med mig och min kompis som skulle imponera på mina vänner i Sverige.

Smörandet fick förväntad effekt, han log, tog emot min kamera och tog 2 fina bilder. Jag tackade och log och lovade att berätta om hans fantastiska vänlighet att ta detta foto. Men så stramade han upp sig och sa att nu måste vi ge oss av omedelbart eftersom det var förbjudet att vistas inom området innan tävlingarna.

Min väninna var blek och rädd precis som min afrikanska kvinna som bleknade i baksätet av min bil. Hon kunde ha blivit fängslad för olaga intrång men p g a mig som varande en utländsk gäst som varit så trevlig och beundrat deras anläggningar hade imponerat på honom, så klarade vi oss med en hårsmån.

NÄSTA BESÖK AV ARENAN INFÖR OS 2008
Den stora centrala idrottsarenan där alla inkommande idrottsmän senare paraderade med sina flaggor har designats av en fransk arkitekt som jag inte minns namnet på. Han tog priset i en tävling som bästa förslag till denna arena som i folkmun kallades för fågelnästet.

Allt var ännu inte färdigbyggt och runt om var ett helt staket uppsatt kring hela byggnaden av takplåtar för att inte obehöriga skulle ta sig in dit. Men några hade varit lite påhittiga och bänt upp en stor glipa i plåten som man kunde sticka in sin kamera i och ta bilder. Och bilder tog även jag. Alla som kom dit hade ofta lite picknick med sig och åt en stund utanför denna utkiksplats.

BEIJINGS ALLA FÖRBEREDELSER INFÖR OS
Om det är något land som kan förändra en hel stad till någonting det inte var så är det Kina. Jättestora träd transporterades in för att pryda alla centrala gator inne i stan kom med lastbilar i långa köer och sattes på plats med rötter och allt.

Alla gamla trasiga trottoarer där jag bodde som var mycket trasiga reparerades och blev släta och fina. Dom lagades av lokalbefolkning från byarna som hade kunniga stenläggare som fick jobb var ju arbetslösa. Dom fick jobb att laga varendaste trasig trottoar i hela Beijing. Staketen runt alla grindgårdar skulle lagas och planteringar skulle vara tipptopp med växter och grönska med parkbänkar.

Men ett stort problem måste på något sätt ordnas med. Smogen i Beijing var ibland så total att kvällssolen var rödfärgad av diset. Man beslutade att var annan bil med jämnt nummer fick köra varannan kväll och bilar med udda nummer alla andra dagar för att se om man kunde få ner smogen till en acceptabel nivå. Det lyckades man med men protesterna blev högljudda.

På grund av för täta trafikköer och fullpackade bussar orkade folk inte åka kommunalt för att komma i tid till sina jobb och sen hem igen. Men beslutet var taget och den som eventuellt bröt emot detta beslut riskerade att hamna i fängelse under hela OS. Alla fick heller inte plats på invigningsdagen utan enbart inbjudna gäster fick privilegiet att vara med som publik när alla idrottsmännen paraderade in.

Resten av befolkningen fick allt sitta framför TV apparaterna. Vissa delar av Beijing var också avstängda för allmänheten och allt detta testades 2007 för att se hur det skulle fungera. Vi kunde ju se det hela på TV hemma i Sverige och minnas mitt besök vi denna världsberömda arena.

COFFE LOBBY
Efter en kort tid i Beijing blev jag nära bekant med den då 25 årige ägaren av Coffe lobby. Det blev ganska naturligt eftersom jag gick dit med Eric på fredag eftermiddagarna efter skolan när

vi först hade varit på simbadet där jag tränade Eric att lära sig simma.

Han berättade att han skulle behöva hjälp att inreda det nya caféet han nyss köpt men kände ingen som kunde göra det. Han var ju liksom halvt europé men också asiat och han ville dra till sig dom européerna som vistades i Beijing.

Jag berättade då att jag hade en viss utbildning inom internal design och jag erbjöd min hjälp men någon ersättning ville jag inte ha för jag hade ju inget visum som tillät mig att jobba i Kina. Han var intresserad av hur jag hade tänkt mig hur förbättringen kunde bli. Han ville kunna dra till sig dom européerna som jobbade där runt omkring. Inte minst de stora tyska företag som hade anställde som dök upp på caféet.

Jag föreslog att vi kunde börja precis då med att bara möblera om så att det passade dom aktiviteter han kunde erbjuda europeiska besökare och matgäster. Det var det första som genast gjorde det möjligt för gäster att både äta och sitta och spela kort och skapa allmänna sociala kontakter.

Jag fixade en datavideo där vi kunde se inspelad musik av amerikansk och europeisk musik, det blev pricken över i-et. Sen skrev vi en särskild meny skriven på engelska och en på kinesiska.

Lite senare kunde jag fira min 65 års dag med tårta jag beställt på ett ryskt kafé tillsammans med tyska gäster som sjöng gratulationsvisor för mig.

Jag köpte många billiga cd skivor av musik som blev mycket lyckat. Antalet gäster ökade snabbt pga. av den muntliga reklamen mellan folk som kom och gick. Resultatet blev en träffpunkt för européer och flera hörde ryktet om detta kafée.

På detta kafé gav jag välsignelse till honom och hans fru. Förlorade senare kontakten med dom och har ingen aning hur det gått för dom.

TANDLÄKARBESÖKET

Min väninna kände till en tandläkare som var nyutexaminerad och hade just öppnat sin egen tandläkarpraktik. Hon bokade en tid för mig.

Allt var trevligt och han var mycket mjuk och försiktig för att inte göra ont värre och lindrade även obehaget att sitta där medan han grävde i ansiktet. Han lagade 3 hål. Endast ett var ett riktigt hål, dom andra 3 var bara påbörjade hål. Han rengjorde lite tandsten och så var allt helt och fint. Han plomberade hålen med guldplomber så det blev riktigt elegant. Det sitter på sidan om i munnen så det syns inte utåt när jag ler. Kalaset kostade då inte mer än 3500 kr i svensk valuta räknat. Dessa plomber håller än i dag så många år efteråt.

BESÖKET PÅ EN Ö LÅNGT SÖDERUT

Vi åkte dit för att ha lite semester för att bada och shoppa. Erics mamma kände till den här platsen och ville visa den för mig, Vi badade när det fortfarande var ebb och vi kunde se över mot Taiwan.

Vi stannade lite för länge och glömde bort att nu skulle vattnet ändras till flod och stiga ganska så mycket. Hotellet vi bodde på låg rätt så högt över badstranden på en klippavsats. Vattnet steg så pass snabbt att det inte fanns någon tid att hinna bort till trapporna.

Vi hade ju liggunderlag och väskorna med picknick vi måste få med oss. Vi visste om att man kunde ta närmaste vägen att klättra uppför klipporna vilket vi också gjorde, vi hade ju inget val. Vi såg hur vattnet redan hade nått till klipporna och hela stranden där vi hade legat och solat var nu översvämmat med minst 1 m djupt vatten.

Vi klättrade uppför klipporna med möda och besvär och helt ofarligt var det inte eftersom vissa små avsatser man kunde klia på inte var större än fotens längd. Men till slut kom vi upp och kunde se långt bort lite av ön Taiwan. Det var min första och enda upplevelse av tidvattenströmmarna. Verkligen intressant i min mening, hade just lärt mig hur viktigt det är att känna till när vattnet är på väg att stiga igen.

Men i början av våran vecka visste Erics mor om ett litet skrädderi som syr upp klänningar på beställning och föreslog att jag skulle åka dit och beställa en kinesisk klänning till mig. Det var en liten kort bussresa dit. Det var ett mycket trevligt litet skrädderi där man kunde bestämma vilket tyg man ville ha och modellen. Allt mättes på mig och den skulle vara klar om ca 3 dagar.

Jag var mycket spänd på hur detta skulle bli och glad att få en fin klänning. Efter 3 dagar åkte vi tillbaka och klänningen var klar. Den satt helt perfekt på mig och den packades ner i en elegant pappkartong. Kostnaden var inte tillnärmelsevis dyr men hur mycket kommer jag inte ihåg. Det fina är att jag kan ha den än i dag. Modellen är så klassisk att den aldrig faller ur modet.

Under tiden vi var där besökte jag ett ställe där man kunde få fina örtbad för fötterna och massage. Jag frågade om dom kunde lära mig lite av grunderna hur man gör och dom var jätteglada att visa mig. Ibland bjuder jag mina egna gäster på lite massage och det uppskattas alltid.

Vi besökte också ett område där man har byggt upp hela den förbjudna staden i ett mindre format för att användas vid filminspelningar av kinesiska filmer. Det var riktigt kul att gå omkring där. Men eftersom det pågick inspelningar just då kunde vi inte gå runt hur mycket som helst. Men det var verkligen intressant att få sitta ner och se lite av hur inspelningarna gick till. Ett riktigt äventyr bara det.

Just innan vi skulle åka hem igen drabbades vi av ett fruktansvärt åskväder. Vi satt på rummet och skulle äta våran middag. Eric hade ännu inte satt sig på sin stol vid bordet då det bara small som ett bombnedslag. Eric blev så rädd att han bokstavligen flög in mot mig och klamrade sig fast som en bläckfisk runt hela min kropp. Han var så skräckslagen att han knappt kunde släppa taget förrän det var över. Men jag var ju också precis lika rädd.

När åskvädret var över tittade vi ut genom fönstret när det var över och tänkte att allt måste ha brunnit upp. Men taken nedanför hade uppslitna takpannor och lätt skadade fönster vilket även vi hade fått. Åskväder är inte riktigt min grej. Men nu kunde vi tänka på hemfärd tillbaka till Beijing.

SLUTET AV ÅRET

Det var bara ca 3 och en halv vecka kvar innan vi skulle åka hem igen till Sverige då jag äntligen hade beslutat mig att åka till Korea och vårat center i Cheong Pyong för att göra en s k liberation av mina förfäder i andliga världen. Fick hjälp av en taxichaufför att ta mig till tågcentralen därifrån tågen avgår i Seoul. Hann med i bokstavligen sista minuten.

När jag var framme återstod ännu en bit att gå upp till centret och det var kvällsmörkt. Lyckades se centret p g a dom lampor som lyste där. Hade aldrig varit där så det var inte så lätt att hitta dit. Fick fråga folk på vägen.

När jag äntligen kom dit pågick ett seminarium och fick vara med i slutet av kursen och tillsammans med kursdeltagarna göra denna andliga befrielse av mina förfäder. En mycket stor och omvälvande upplevelse som jag aldrig glömmer.

Jag tog mig tillbaka till Beijing. Jag hade ju lämnat Kina och måste få ett nytt inresevisum vilket jag fick betala skjortan för. Men kom ändå tillbaka och nu var det bara att packa ner allt för att vi hade bara 3 dagar kvar av vårat visum och måste lämna landet.

Jag och Eric hade returbiljetter med Finnair flyget från Shanghai och åkte dit med Erics mamma dagen innan och bodde på hotell intill flygplatsen. Hon skulle stanna kvar och städa upp lägenheten. Betala den resterande kostnaden för elen och anlitade en städerska att städa upp. Hon kom hem till Sverige 2 dagar senare.

MEN EN HÄNDELSE

En mycket speciell händelse hade jag så nästan glömt bort även om den varit både oförglömlig och ansträngande. Hur nu det är möjligt, men hade så många upplevelser att detta var en i raden av många intressanta händelser

Vid ett tillfälle åkte jag till Modanjang dit man åker för att åka upp och gå på den kinesiska muren. Det ville jag absolut inte missa. Slog ihop mig med hotellgästerna på det hotell jag bodde på under besöket. Hotellet ordnade med buss och biljetter till hela evenemanget.

Först sätter man sig i en liten vagn 2 och 2 och åker upp till den första renoverade platsen på muren där man börjar gå upp mot en bergstopp. Just hela den längan är den man hade reparerat av den kinesiska muren. Den är ju några mil lång och många delar av den har rasat och är omöjlig att gå på. Men hörde att avsikten är att med tiden kunna renovera hela den totala längden av muren.

Vissa delar sluttar så pass mycket att man ibland måste gå ner på alla fyra och ta sig upp. Det var tufft, men när man väl tagit sig upp på toppen var utsikten totalt oslagbar. Ett bergigt landskap vida långt bort kunde man se och även en del små byggnader av små byar som låg på bergssluttningarna kunde man se. Himlen var blå och det förstärkte intrycket.

Men detta var inte allt, nu skulle man ta sig ner också. Där man krupit på alla fyra upp fick man sitta på rumpan och försiktigt ta sig ner utan att skada sig på dom ojämna stenarna. Händerna gjorde lite ont när man väl kommit ner igen. Men ångrade ändå inte besöket. Upplevde att kinesiska muren på något sätt visade på Kinas storlek och den urgamla historien av detta mäktiga land.

VISSA INKÖP

Skor och siden är den största försäljningen av varor som var värt att köpa då. Sidenhuset i Beijing är några våningar upp och dit kördes alla turister att köpa siden i alla dess utföranden vilket jag också gjorde.

Skor var verkligen billigt och köpte en stor mängd som jag har kvar än i dag och kan aldrig skiljas från dem så länge jag lever.

IAKTTAGELSER

Det hände ibland att jag åkte med T-banan i Beijing och det av alltid fullsatt med folk. Oftast fick jag stå men det som var häpnadsväckande var, att hur mycket folk det än var försökte man inte för ett ögonblick att nudda vid mig. Inga trängselproblem av att folk trängde sig på en.

Men när man skulle åka buss och det var lång kö nästan trampade man ihjäl varandra och tryckte emot så hårt att jag blev panikslagen att bli skadad. Såna gånger beslutade jag att inte åka med. Måste gå av och invänta nästa buss i stället, det var absolut det bästa beslutet i stället för att bli skadad och ihjälklämd.

Två helt motsatta upplevelser som reser frågan varför så hänsynsfullt uppträdande på T-banan men inte på en fullsatt buss. Den frågan blev obesvarad, ingen som kunde ge mig något svar.

HEMRESAN

Packade allt i 2 rejäla kartonger och postade till Sverige med båt. Det skulle ta 1 månad att sedan hämta ut dom på posten hemma. Och kan man tro, precis på dagen 1 månad fanns kartongerna att hämtas hemma på postkontoret.

Kan väl tillägga att när bara 2 veckor återstod av min Kina vistelse åkte jag till Korea och Cheong Pyong för att göra en andlig liberation el. frigörelse av mina anhöriga i andliga världen som vi i Unification Church kan göra. Jag lämnade Kina och måste därför ordna med nytt visum att få återkomma till Beijing med bara 3 dagar kvar innan jag måste lämna Kina för att åka hem. Krångligt men fick ett litet förnyat uppehållstillstånd tills min flygbiljett hem gällde.

EFTERTANKAR OCH MÖJLIGHETER

Dessa 2 upplevelser av Sydafrika och Kina har satt sina spår i min själ av 2 olika politiska system som trotts allt speglade delar av människans förmåga att skapa oro och rädsla hos sin befolkning.

Den känslan har aldrig lämnat mig och var grunden och orsaken till att jag var helt beredd och motiverad att gå med i UC där dessa mänskliga sorgligheter förklarades tydligt och för mig begripligt i Divine Principle eller Skapelsens Principer.

Där har jag fått veta om mänsklighetens Sanna Föräldrar som vi alla människor behöver. Lagt ett fundament för en möjlig återupprättelse av ondskan och den fallna världens härjningar och svek emot vår skapelse och till mänsklighetens och

Kärlekens ägare...GUD. Det var i grunden ALLA religioners uppdrag att med sann kärlek undervisa människor om Guds Sanna kärlek.

Men dessa principer ger oss också ett framtida hopp om mänsklighetens förmåga och möjligheter att i framtiden ge upp allt mänskligt elände och acceptera Guds vackra skapelse. Vi alla kan leva i harmoni och ett blomstrande framgångsrikt liv för framtidens människor när den goda viljan finns.

Allt kan människan göra när vi vill. Förmågan och kunskapen är dom redskap som aldrig sviker oss så snart vi är beredda att använda och ta ansvar för dessa förmågor. Vi kan ge framtidens folk ett bättre liv än dessa gamla århundraden har gett oss.

Så mycket på vår jord har förstörts av mänsklig fiendskap och aggressivitet trots att vi alla lever på samma jord. Att det eventuellt skulle finnas en annan jord vet vi ju ännu inget om, men vad skulle det göra för skillnad om människans hjärta och vilja är detsamma som det varit förgörande största delen av mänsklighetens existens.

Men vi lever nu på hoppet om ett bättre och kärleksfullare liv. Gud vare med oss i en vackrare värld med kärleksfulla människor. Sann kärlek är det enda som kan lösa upp ondskan i människans själ och ge Gud en chans att äntligen få tillbaka sin skapelse, jorden och människan högsta värde.

Därför är jag medlem i Unification Church sedan 1977 i juli månad som har fått mandatet att arbeta för detta mål att förena alla människor under en himmel och En Gud, vår skapare och ägaren av Sann Kärlek för ALLA MÄNNISKOR UTAN

UNDANTAG FRÅN NU OCH I ALL FRAMTID. Religionen är inte målet utan redskapet.

Jag önskar av hela mitt hjärta att alla dom som läser och har läst detta pekoral kan få något att tänka på och kanske förändra sitt liv till en högre mening värt namnet. Jag har levt och funnits en tid på denna jord och denna berättelse är lite av vad jag levt och upplevt som jag sedan har summerat till vad det blev och vad som sedan återstår att göra.

Vi människor har ett stort ansvar att städa upp och återgå till vårt ursprung...GUD.

SLUTORD ...SUMMERING....VAD LIVET LÄRT MIG

Kan verkligen rekommendera till alla som genomlever svåra perioder i våra liv eller hamnar i svårigheter att aldrig någonsin ge utrymme att spela på rädslan, att låta den ta över och förlama oss eller begränsa oss att tro att inget i världen kan rädda oss...Men det som är allra viktigaste i sådana situationer är att fullständigt fokusera på ...ATT LÖSA PROBLEMET VAD DET ÄN VARA MÅNDE.

Det är något jag blev mycket medveten om att om jag inte hade sinnesnärvaro och en obändig vilja att överleva måste jag bara lösa problemet. Att använda min fantasi jag lärde mig i konstskolan att utveckla, en tro på mig själv att jag är kapabel att möta allt som kommer i min väg oavsett vad. Det har alltid funnits nejsägare omkring mig som sa att det kan du väl ändå inte göra. JAG GICK ALLTID EMOT VAD ALLA ANDRA TYCKTE. ...ATT GLÖMMA RÄDSLAN OCH LÖSA PROBLEMEN....Leta upp var och vad jag kunde använda för att lösa problem. Problem möter vi hela livet men våran hjärna lurar oss ibland att vi inte är god nog, kan inte, vill inte, det går inte, men det är i själva verket precis tvärt om.

Gud har gett oss förmågan att göra i princip precis vad vi vill utom det som är totalt omöjligt. Men då finns det oftast och alltid en ANNAN väg att gå, som vi inte ser i första taget men som alltid på något sätt finns där.

Rädslan finns där och kommer allt som oftast att närvara i våra dagliga liv och måste tas om hand, då är det dags att skärpa till tankeverksamheten, lösa problemet och finna den andra vägen.

För mig har Sanna Föräldrar blivit den ANDRA vägen. GUD ANSER OSS ALLA SOM FÖLJER SANNA FÖRÄLDRAR ATT VI HADE MODET ATT FÖLJA DOM ...och där var vi fokuserade medvetet eller omedvetet om konsekvenserna av detta val...och då LÖSTE VI ETT PROBLEM....ATT FÅ ORDNING PÅ VÅRT EVIGA LIV....som så många människor är rädda för.

Vi behöver inte längre vara rädda längre för den saken. Det problemet är löst och då blir alla andra problem underordnade.

Vi har blivit andliga atleter som vunnit över vårt andliga livs rädslor och begränsningar. Just det som den fallna världen är rädd att visa men där vi har ökat våra inre styrkor och som uttrycks även i vårat fysiska liv. Det som blir resultatet av det är ett liv av fullaste värde att leva. Vi förtjänar den respekt och uppskattning den övriga världen både kan och ska visa oss.

Om vi inte visar respekt för oss själva så gör inga andra det heller.

MÅLET SKA ALLTID VARA I FOKUS...och när vi hamnat i svårigheter måste vårat fokus börja agera...här vill jag inte stanna nu måste jag ta mig ur detta och dra härifrån så fort jag bara kan. DAGS ATT LÖSA PROBLEMET. SE MIG OMKRING ...VART FINNS UTVÄGEN...GLÖMMA ALLT ANNAT ÄN ATT TA MIG MOT UTVÄGEN....KOSTA VAD DET KOSTA VILL...TA GUD OCH SANNA FÖRÄLDRAR I HANDEN OCH GÅ. MIN VISION SKA VARA MÅLET.